JESUS LOVES ME

THE BIBLE SIGHT WORDS SEARCH BOOK
JESUS LOVES ME

Peace of Mind
FOR KIDS

Good Books

NEW YORK, NEW YORK

Good Books books may be purchased in bulk at special discounts for sales promotion, corporate gifts, fund-raising, or educational purposes. Special editions can also be created to specifications. For details, contact the Special Sales Department, Good Books, 307 West 36th Street, 11th Floor, New York, NY 10018 or info@skyhorsepublishing.com.

Good Books is an imprint of Skyhorse Publishing, Inc.®, a Delaware corporation.

Visit our website at www.goodbooks.com.

10 9 8 7 6 5 4 3 2 1

Library of Congress Cataloging-in-Publication Data is available on file.

All scripture quotations are taken from the following sources:

Good Books ISBN: 978-1-68099-855-9
Choice Books ISBN: 978-1-68099-885-6

Printed in China

Our Great Light

Isaiah 9:2

```
D L W G R T T N T
A T M M G L L H Q
R G N I K L A W E
K E N E I R T N K
N Y L G V A T Q D
E R H P E A X J N
S T N R O N H E G
S N G X I E E T G
K Z L R Q S P X L
```

The	Have
People	Seen
Walking	Great
In	Light
Darkness	Land

Solution on page 183

Prince of Peace

Isaiah 9:6

```
S  J  Q  V  Y  Y  R  Z  G  E
G  O  U  S  B  R  T  R  C  J
X  V  N  D  B  O  Z  A  J  R
R  E  H  T  A  F  E  N  C  R
E  M  V  W  M  P  B  H  E  M
B  C  Z  R  Z  M  I  S  J  T
O  M  N  P  D  L  T  G  R  N
R  K  V  I  D  J  O  T  J  P
N  T  Q  L  R  D  N  B  Y  N
X  J  T  D  Y  P  R  V  T  T
```

For	Rest
Child	God
Born	Father
Us	Prince
Son	Peace

Solution on page 183

All Shall See

Isaiah 52:10

```
S A L V A T I O N
H D W E E Q S L L
A O K N H E Z N K
L G D L E T W N K
L S L R E A R T H
O A N Q U T Y J Q
G F N N Q O P M Y
```

All	Shall
The	See
Ends	Salvation
Of	Our
Earth	God

Solution on page 183

Love Is Better

Psalm 63:3

```
N A H T P R G T Q
N W L W N R J Z T
B V J W R L U Y L
E E R E L L F O T
T R C I V I L Y
T L W A R O I P S
E R J O U F L I S
R M L B E S J L T
W G T M Q B E Y P
```

Because
Your
Love
Is
Better

Than
Life
Lips
Will
Glorify

Solution on page 184

His Love Endures

Psalm 136:26

```
T S A F D A E T S
T B E G H N T R R
N H I R E I E Z T
N V A V U V S D Q
E E A N E D R D D
R E V R K G N L R
H O O O O S J E P
R F F D L J P R X
```

Give	His
Thanks	Steadfast
God	Love
Heaven	Endures
For	Forever

Solution on page 184

He Calms Fears

Zephaniah 3:17

```
E T E R O I V A S M
V L V C F E A R S Q
O N I M I M L O R D
L S L V I O J B B Y
Z A G G I Y J K M Y
C L H N G N D E P R
T T R N O R G G R D
Y V Z T D S V V B K
```

Lord
God
Living
Mighty
Savior

Love
Calm
Fears
Rejoice
Songs

Solution on page 184

Joseph and the Angel

Matthew 1:18–21a

```
H  T  O  N  M  A  N  L
T  P  V  A  N  D  S  R
Y  M  E  G  D  P  R  D
R  R  E  S  I  S  I  V
D  L  A  R  O  A  O  Y
R  J  I  M  R  J  L  N
O  T  G  F  J  O  J  B
L  R  A  T  H  N  M  M
```

Angel	Afraid	
Lord	Mary	
Dream	Holy	
Joseph	Spirit	
Not	Son	

Solution on page 184

God with Us

Matthew 1:21b–23

```
P E J J L W G B T L
E M Q T I W Y G B Z
O A D T N X X Q O L
P N H S D L I H C D
L U S M U D S G Z E
E L O V V S D I V B
D R L J P W E A N R
F Y W V L R S J R S
```

Name	Sins
Jesus	Child
Save	God
People	With
From	Us

Solution on page 184

Baptism of Jesus

Matthew 3:13–17

```
P L E A S E D D
J E V O L N E J
E W T O E Z S B
S T A V I P R D
U R A T I C O L
S E P R E V E N
H A I B E R O D
B T J K B S W T
```

Jesus

Baptized

Water

Heaven

Spirit

Dove

Voice

Son

Love

Pleased

Solution on page 184

Jesus Stays Strong

Matthew 4:1–11

```
T Z L T D W N W D W
R B N I O Y O R M R
E Y R R V R T S E T
S S H E S E W N M L
E T A H A O D Y Y J
D W I T R D A B B R
Q P O L A W D Y Q Q
D K D B A N J J T W
```

Desert
Devil
Bread
Throw
Test

World
Bow
Away
Satan
Worship

14

Solution on page 185

Fishers of Men

Matthew 4:18–22

```
E E L I L A G D
S M R C N W Z Y
L R B E O J L R
A N E L T M W G
K R L H A E E R
E O A K S N P M
F E E Y E I E L
S V G T J N F D
```

Sea

Galilee

Peter

Net

Lake

Come

Follow

Make

Fishers

Men

Solution on page 185

Sermon on the Mount

Matthew 5:2–12

```
D T H H N M X M X
K E I E E Y E H T
I M S R A A Y W R
N G C S I V R X N
G Y R F E P E T R
D J O E M L S N M
O R R J A J B J R
M A R Y T T B B G
```

Blessed
Are
For
Spirit
Kingdom

They
Heaven
Mercy
Heart
Great

Solution on page 185

Light of the World

Matthew 5:14–16

```
T X R G Y C I T Y
M H O E L Q D W L
S O G M D L Y O U
D H M I R N A Y N
A E I O L P U G B
R E W N R V L J X
E S L R E D V X M
```

You

Are

Light

World

City

Under

Good

Shine

All

See

Solution on page 185

Jesus Teaches about Prayer

Matthew 6:5–8

```
F A T H E R L D R
Y S D E E N R R G
A N E M K A R Y Y
R S I E W T B D G
P H W E S E A R T
T A R O F M Q H J
Z R S O N N D P W
Q R R K D K P J R
M E D B N T J L V
```

Pray
Father
Sees
Reward
Knows

What
Need
Before
Ask
Him

18

The Lord's Prayer

Matthew 6:9–15

```
F H E A V E N N N
B A E H B L N W M
R N T V T Y L O J
E A M H I R D I Q
A M T L E G A X W
D E O Y N R R E G
P U O I J J V O Y
R U K Q R Z T W F
R G D D L M N R B
```

Father   Earth

Your   Heaven

Name   Our

Kingdom   Bread

Will   Forgive

Solution on page 185

Treasures in Heaven
Matthew 6:19–21

```
S M D R D T G Q Q
N E V A E H T L Q
G R R B P R X M H
W E S U T B U T N
D H B T S R R O E
O W T V O A A R Y
D S Z O E R E E G
W Q L T N H E R H
K Y J A T Q R P T
```

Not
Store
Treasures
Earth
Where

Heaven
Your
There
Heart
Also

Solution on page 186

Do Not Worry

Matthew 6:25–27

```
R  A  E  W  O  M  T  V
M  R  R  D  O  A  R  M
T  D  Y  R  E  P  W  L
M  R  E  R  L  I  F  E
T  I  Y  F  R  T  D  W
Z  N  Q  D  O  O  X  M
T  K  P  N  O  O  W  M
R  B  M  K  Z  B  D  T
```

Do
Not
Worry
Life
Eat

Drink
Body
Wear
More
Food

Solution on page 186

Seek First His Kingdom

Matthew 6:31–34

```
Z X V Y T S A L L
S L T L W I T Z Y
N G M O N H Z Y Q
E T N O G N P B R
E K S I D T X R R
D M V R H G T J K
R E D E I T N E R
N Y S L P F E I P
J E J K N S D R K
```

Knows
Need
Seek
First
His

Kingdom
All
These
Things
Given

Solution on page 186

Ask, Seek, Knock

Matthew 7:7–11

```
D B Y M P K P L J N
E M D R W M S K P G
N D Y N L B N A O J
E G O D I O T O G S
P I W O C F D M T V
O V V K R L D F K N
M E W I L L I E N K
V N N Y M G E B V Q
B N J X M S T Y Y B
```

Ask	Knock
Will	Door
Given	Opened
Seek	Good
Find	Gifts

23

Solution on page 186

Build on the Rock

Matthew 7:24–27

```
R  J  S  D  N  P  L  V  L
A  R  O  D  T  L  I  U  B
I  W  Y  H  R  B  R  Z  M
N  G  B  E  E  O  F  R  B
V  Q  S  S  C  A  W  D  Q
R  I  U  K  L  N  R  Y  K
W  O  P  L  M  A  R  S  W
H  J  G  M  Z  M  R  N  L
```

Hears	House
Words	Rock
Wise	Rain
Man	Down
Built	Fall

24

Solution on page 186

Jesus Calms the Storm

Matthew 8:23–27

M W S F P Y E B O N
P A U W A V P M L M
T V S L A I D W Y J
M E E S E B T N R M
R S J K D T M H G J
O R A G A N C A L M
T L M O Y R I J M Z
S X B D J T X W J T

Boat

Storm

Lake

Waves

Jesus

Save

Faith

Winds

Calm

Obey

Solution on page 186

Jesus Forgives and Heals

Matthew 9:1–8

```
L H N H T N F D
J X E O T O Y L
S E W A R I I P
I N S G R V A V
N K I U E T Q F
S V L N S A S L
E T B A A M G Y
M L Z X W M L K
```

Town
Man
Mat
Faith
Jesus

Sins
Evil
Hearts
Walk
Forgive

Solution on page 187

Jesus Eats with Sinners

Matthew 9:9-13

```
B Q X J X Z Z M Y
S E E S I R A H P
R H E A L T H Y N
E E L J T S E X L
N X N H D M A S J
N K E N O T I W X
I W D H I C T A E
S L B P K D V R Y
```

Matthew

Home

Dinner

Tax

Sinners

Pharisees

Saw

Eat

Healthy

Sick

Solution on page 187

Blind No More

Matthew 9:27–31

```
B E H C U O T L
D E E H T I A F V
N S L N D M Y E S
I E T I E L O R D
L Y E R E P N J Y
B E C J N V O T W
S Y L M G T E V R
```

Blind

Mercy

Believe

See

Yes

Lord

Touched

Eyes

Faith

Opened

Solution on page 187

Sending Out the Disciples

Matthew 10:1–9

```
P T X P L A E H S
R G W E T N Q E Z
E Z J E B N L Z E
A M T H L P E S T
C Y J S I V I S G
H Y E C L A E I K
Y X S Z R O V K Y
Y I U T R E S D Z
D G S L Y D L T J
```

Jesus

Disciples

Twelve

Sent

Lost

Sheep

Preach

Heal

Raise

Give

Solution on page 187

The One Who Is to Come

Matthew 11:1–6

```
D V H E A R D E
R E M R W B S S
X O A N J L I Q
C T W D E G G B
N D B A H W L J
E N O T L I S W
N B B O N K R Q
J X Q D G N D N
```

One
Come
Else
Blind
Sight

Walk
Hear
Dead
Good
News

Solution on page 187

Jesus Gives Rest

Matthew 11:28–30

```
S N R T M E K A T
L L W Q S Y O K E
I E U E C E M D K
G J V O A Y R M P
H L M I S R R L R
T E L A G R Y Q D
R Q E A B J N K K
```

Come

All

Weary

Give

Rest

Take

Yoke

Souls

Easy

Light

Solution on page 187

The Family of Jesus

Matthew 12:46–50

```
G D D T Y L M M R N N M
Y R D V S M K O L K X Y
N Y P W G R H V T T M D
E N O Y N A E E O H K T
D O E S L P Q H A H E B
W L D Q D Y W Y T V W R
F Q K N Q R M I K O E T
D A N N E T J D L L R N
G N T T L E R L Z L J B
G Y S H S M N K B M K L
L I V U E T J D D V Z L
S R S L J R R X B D L G
```

Jesus
Mother
Brothers
Who
Anyone

Does
Will
Father
Heaven
Sister

Solution on page 188

The Mustard Seed

Matthew 13:31–32

```
T  M  S  T  S  E  G  R  A  L  R
D  S  O  W  B  B  Q  M  N  D  N
H  E  E  D  O  D  E  E  S  J  M
E  F  T  L  G  R  B  I  R  D  S
A  I  T  N  L  N  G  R  Y  B  R
V  E  B  R  A  A  I  R  Q  D  R
E  L  N  V  E  L  M  K  D  J  Q
N  D  W  N  M  E  P  S  B  L  D
```

Kingdom
Heaven
Seed
Planted
Field

Smallest
Grows
Largest
Tree
Birds

33

Solution on page 188

Jesus Feeds Five Thousand

Matthew 14:13–21

```
E F O O D P J M H Y N
J A G N I S S E L B E
R L T E Y R A B E V D
V O T B V V Z K I M Y
Z A W M E I O G F W Y
M V O N J R F I R N X
Y E P X B M S L N P Z
Q S Y N P H R Q W M V
```

Food	Two
Give	Fish
Eat	Heaven
Five	Blessing
Loaves	Broke

34

Solution on page 188

Walk on Water

Matthew 14:22–32

```
L D B R D D B P T Y
N N Q T S N Z Q Q Y
A F R A I D I F N D
N D V T Z J A W R B
Y E Y L B I E E D G
S Z J T T M T S R J
M I A H O E A L U J
T O N C P Z B E Q S
B G L K Q T J B S J
```

Boat   Peter
Wind   Come
Sea   Sink
Jesus   Save
Afraid   Faith

Solution on page 188

Miracles of Healing

Matthew 15:29–31

```
E H K A E P S
D E S U S E J
W A L E E D M
O L A I N E L
R E A I L A S
C D L M I A Y
L B L D E M G
```

Jesus

Sea

Galilee

Crowd

Lame

Blind

Speak

Laid

Healed

See

Solution on page 189

Son of God

Matthew 16:13–20

```
Q Y N D H L H D B R
H O Q T I E D K Z D
S A R V A E Y L J X
P A I V S P Y E R A
E N E S E T D M Y L
G N E T S D R L K Y
N L E M O E S Y E K
B R V G M G M N P R
```

Are

Messiah

Son

Living

God

Blessed

Peter

Keys

Earth

Heaven

Solution on page 189

Like the Sun

Matthew 17:1–8

```
W D N F   J L M
D O U E A   E T
T I S O N C E
L U A O L T E
S I H R I C N
U S K H F O T
N Z W E S A N
```

Jesus   White

Face   Cloud

Shone   Son

Like   Not

Sun   Afraid

Solution on page 189

Humble Is the Greatest

Matthew 18:1–4

```
G R N M O W V K H B Q G
R V N H O G N E M M R K
E R W X R D A V R L Y T
A E L P N V G S Y H M Q
T N J I E T I N U G T D
E O S N T H Q M I W M Y
S Y T E T T B B L K B V
T N Y Q M L L D L I H C
D A L N E O V E G B J L
L T M Y M W C J G Z P Z
L J Q G Q R M E Y P D N
W Q X Y Z B D D B J X D
```

Anyone
Who
Becomes
Humble
This

Little
Child
Greatest
Kingdom
Heaven

Solution on page 189

Little Ones Who Trust

Matthew 18:5–6

```
T  B  B  Q  N  G  J  L
X  R  E  E  N  S  I  N
A  F  U  T  G  T  E  T
O  R  A  S  T  R  Y  A
T  N  O  L  T  E  A  M
N  S  E  U  L  S  R  L
I  I  R  S  N  R  V  R
J  N  L  N  Z  D  R  D
```

Little	Sin
Ones	Better
Trusts	Large
Fall	Around
Into	Sea

40

Solution on page 190

Don't Look Down

Matthew 18:10

N R A L L D O W N
E E L L N O L P Y
V H A N W I O R B
A T Z N T A R K B
E A S T G I Y T R
H F L E E E E S Q
Q E D H N L L Q N
L B T Y L O Z S K

Look
Down
Little
Ones
Tell

Heaven
Their
Angels
Always
Father

Solution on page 190

The Lost Sheep

Matthew 18:12–14

```
S L E A V E J M
N E E P S T H M
L N C D E U T S
O I N I N N H M
T I T D O E O T
F N R T E J S G
T E E P L O E Y
D M G W L E J R
```

Hundred
Sheep
Gone
Leave
One

Went
Finds
Little
Rejoices
Lost

Solution on page 190

Where Two or Three Gather

Matthew 18:19–20

```
Q R W E P R D Z Q R
D P M H E T H E R E
G A T H E R E D Z N
N W T D D R M V N N
O A K O L P E G L J
F S D N E E R H T P
A Y M E H T Y N W K
```

Ask
Done
Father
Where
Two

Three
Gathered
Name
There
Them

Solution on page 190

Little Children, Come

Matthew 19:13–15

```
S A I D T M B R Y Y
Q B H K S E B E T M
Y N J E V U L L N R
Q G E K A T S L P N
B N D R T V C E N T
T O W I D O E V J T
F L L B M L K N D T
Q D L E D T I Q N Z
V Q P N Z Z B H T B
W J T X J D N O C B
```

Jesus	Come
Said	To
Let	Me
Little	Of
Children	Heaven

Solution on page 190

All Things Are Possible

Matthew 19:26

```
N L G W Q N Y J T J
E L B I S S O P S K
G Y G T Q R D U T D
X G N H K R S H X T
A L L B S E I N R B
B L Y A J N R R A T
J U I G G M Q A Y M
R D T S O Q X R Q M
Y R Z T R D J T T M
```

Jesus
Said
With
Man
But

God
All
Things
Are
Possible

Solution on page 190

Made Equal

Matthew 20:1–16

```
E K W O R K E R S
R Q E N D T L T N
E I U M M N S Y Z
V P G A A A D T T
A D D H L S S W M
G E A D T R Y A P
G B Z Y I Z N R T
T M Y F B Q L M D
```

Workers	Made
Pay	Same
Day	Gave
Right	Last
Equal	First

Solution on page 191

Jesus Is King

Matthew 21:1–11

```
S  E  H  C  N  A  R  B  L  K
C  Y  K  K  W  D  S  J  B  Q
L  X  O  T  N  D  G  R  K  K
O  H  Y  U  E  B  Z  Y  D  D
A  B  O  E  R  D  Y  W  T  Z
K  X  N  S  K  T  R  L  K  B
S  Y  J  R  A  N  Y  O  R  L
K  I  N  G  R  N  O  I  L  J
J  Z  M  O  M  N  N  D  G  Y
R  D  A  Z  V  G  J  A  B  R
D  D  X  M  N  Y  K  N  Y  M
```

Donkey
Bring
Lord
Needs
Your

King
Cloaks
Road
Branches
Hosanna

Solution on page 191

The Greatest Commandment

Matthew 22:34–40

```
E N V J Y N R R L D
V E S O U L U P V V
O I D V R O D H Z X
L G N Z Y W E F Z W
M H I D B A I A T V
V B M Z R R J Q L N
Z O M T S O D O G L
T R Y T W K L B T Z
```

Love
Lord
Your
God
All

Heart
Soul
Mind
First
Neighbor

Solution on page 191

On the Clouds of Heaven

Matthew 26:62–67

```
N L B R X M N L Y
O N H A I S S E M
S V N N P G C N M
Y B X O N L E T N
P L W I O V H D N
N E M U A G N R L
R O D E I A O G Y
C S H R H F O D Y
```

Messiah

Son

Of

God

Power

Right

Hand

Coming

Clouds

Heaven

Solution on page 191

The Earth Shook

Matthew 27:50–54

S N N T T D I A S
H Q J O S B Z D Q
O D R E C A E M D
O N U R S A L D M
K Q I O R U N Y M
N E J T L O S B Y
D Z H D S D O G Z

Jesus   Earth

Cried   Shook

Loud   Said

Last   Son

Torn   God

Solution on page 191

Do Not Be Afraid

Matthew 28:1–10

```
E P L G J P N L L B
R Y J Z E A E Y T T
E L T N F G Y Z G X
H Q O R N Y D R B M
J T A A A T J M A G
S I N E Y I O J Q M
D E A D E T S N P R
V Z M Y X S D E J D
J N R J J X J T D X
```

Mary	Not
See	Afraid
Tomb	Here
Angel	Raised
Stone	Dead

51

Solution on page 191

Jesus Casts Out Evil

Mark 1:21–28

O D T W M S Y D N
H J O Y P O G V Q
W N E I U L M N T
K N R S I T H B Z
O I A V U O G O D
T R E B L S T Q T
E N D Y M D G W B

Jesus

Evil

Spirit

Know

Who

You

Are

Holy

One

God

Solution on page 192

A Town Cured

Mark 1:29–34

```
K S I C K R L
C O F K L E D
J U O E F N H
D Y R T V O V
P N G E U E D
U A A S D E R
K M E H B Z P
```

House
Bed
Fever
Took
Hand

Up
Left
Sick
Cured
Many

Solution on page 192

Be Clean

Mark 1:40–45

```
L M A K E U Y
T E V H O L Y
F H P Y A C T
E I Q R L N Q
L M N E O N D
B M A N D S K
E N Y C M Y Y
```

Man
Leprosy
Came
You
Make

Hand
Be
Clean
Left
Him

Solution on page 192

Good Always

Mark 3:1–6

```
S E O D D E V I L
A E B O B J P R P
B S O D E S H V T
B G L S T A B D D
A N U A N D G B M
T S N D E P P V J
H D J X U H M N L
```

Jesus

Hand

See

Heal

Sabbath

Stand

Up

Do

Good

Evil

Solution on page 192

Grow with Jesus

Mark 4:26–29

```
K T D I A S G G
I S S C A N R L
N E E H O O Z Y
G V E N W M N R
D R D W I T E D
O A O W O A V G
M H G J K N R G
Y L M D M T K G
```

Said

Kingdom

God

Seed

Grow

Know

Grain

Harvest

Has

Come

Solution on page 192

A Touch of His Robe

Mark 5:25–34

F P Q K W X T M Y
A B O G Z O Q T Y
I E V W U E B O R
T T D C E X W N K
H T H E Z R A Z X
T E E Y L M Z W J
P R J N O A E N K
W J J W O L E T Q
R K B J L G J H R

Woman

Better

Touch

Robe

Healed

Power

Gone

My

Faith

Well

Solution on page 192

The Sleeping Girl

Mark 5:35–43

```
F R Y N T A D L L
A W Q D S L I D D
I M A L E T I M
T J E S T A C Z
T H E G L R H D L
P E E F I M R T
T U A L G I K R
M Y D W G D D R
```

Afraid	Asleep
Faith	Little
Saw	Girl
Child	Get
Dead	Up

Solution on page 193

Faith and Miracles

Mark 6:1–6

```
M E T F M M T Z
I M E T A A B C
R O A R H I O X
A H C W E U T T
C N H H L H D H
L W Y D I Z W Q
E O N N L M B K
S T R V A R M X
```

Home
Town
Teach
Where
What

Him
Could
Any
Miracles
Faith

Solution on page 193

Running to Jesus

Mark 6:53–56

H T Y E L P O E P L
B E G G E D S B J S
T R A H B B Y I T L
N O Q L C B L A C R
E B Q L E U M L T K
W E N B G D O H Z R
Z D A B Y V E T T D
X Z R Z B Y T L V X

People
They
Ran
Sick
Mats

Went
Begged
Touch
Robe
Healed

Solution on page 193

Ears Opened

Mark 7:31–37

```
D E N E P O M P M
S T N D P S U R S
R N G T E T A R Z
A E H N P A E I N
E V E J I G F P D
L A A K N K Q D B
L E R I L Y O Q N
N H F M M A D O D
Z P N Z D Y T Y L
```

Deaf
Put
Fingers
Looking
Heaven

Said
Ears
Opened
Hear
Talk

Solution on page 193

Jesus Feeds Four Thousand

Mark 8:1–10

L E J D L D G Q
L D L E A N X Y
A B F P I Y R M
M T R H O G S O
S H T E N E V Y
M O S U A E P E
N L H I R D A J
B L N M F T G Z

Nothing

Eat

People

Days

Hungry

Bread

Small

Fish

Left

Over

Solution on page 193

Baskets of Bread

Mark 8:14–21

```
S B Y N A M T Z T
T R R S T R A E H
E E F O T V B Y T
K A N A K D S N M
S D O O O E J B Y
A B D R Y L M P M
B Z W E S R A E L
```

Bread
One
Loaf
Boat
Hearts

Eyes
Ears
Broke
Many
Baskets

Solution on page 193

Welcome the Child

Mark 9:36–37

```
N A M E D D L W
M R Y M E N E X
S T E N Y L A D
E O O V C N L N
N N S O E I D Q
T J M U H O W N
Y E Q C C M H W
S Z N P L H Y W
```

Whoever	My
Welcomes	Name
One	And
Such	Not
Child	Sent

Solution on page 194

Miracles in His Name

Mark 9:38–41

```
C Y F D N K M
H O O A L I N
R T M U R O S
I E S A R E T
S D C T O Z N
T L A D O A W
E Z B B B C P W
```

Your	Miracle
Name	Can
Told	Bad
Stop	For
Does	Christ

Solution on page 194

The Kingdom of God
Mark 10:14

```
C L I T T L E K
H B P W T G I J
I S E E V N O T
L T L L G C H D
D O Y D O E Q H
R P O M S N C K
E M E E V U G Q
N N D Z S B Q S
```

Let
Little
Children
Come
Stop

Such
These
Kingdom
God
Belongs

Solution on page 194

Receive as a Child

Mark 10:15

```
E E Y E W Y L L
L R V D N Z O K
T Y L I D T I U
T K L L E N E D
I L I U G C O R
L H L D R E E D
C T O E S T O R
N M Q M T G M P
```

Truly	Kingdom
Tell	God
You	Little
Does	Child
Receive	Enter

Solution on page 194

Blessings from Jesus

Mark 10:16

```
D E S S E L B X
R S K H S M R A
Z D E O E P U K
Y N I H O H M L
D A T A I T W K
T H R S L O N Q
```

He	Arms
Took	Laid
Them	Hands
Up	On
His	Blessed

Solution on page 195

The Last Will Be First

Mark 10:29–31

```
F M E H L A S T
I E U F T W T K
R M T C I U H M
S O Y Y H L R O
T C N B L A N T
M A T E T D G W
M Q T D V N Z E
```

Tell

Truth

Much

Age

Come

Life

Many

Who

First

Last

Solution on page 195

Jesus Came to Serve

Mark 10:35–45

```
T W T S E R V E V
A G I F I N O S
E T L G E D N Z
R M H O N L M N
G T A A R N A M
M Y H C D Y V W
```

Sit

Right

Hand

Left

Glory

Great

Son

Man

Came

Serve

Solution on page 195

Jesus Heals a Blind Beggar

Mark 10:46–52

```
G  J  H  R  D  Y  Y  V  N
B  W  T  N  T  U  O  H  S
Y  E  I  J  E  L  G  B  D
M  L  A  S  Y  D  E  L  Z
B  L  F  C  I  G  A  E  Z
M  N  R  Y  G  G  V  M  T
L  E  A  A  B  A  H  Q  V
M  S  R  J  H  T  R  T  M
```

Blind	Mercy
Beggar	Faith
Shout	Made
Say	Well
Have	Sight

Solution on page 195

Hosanna in the Highest

Mark 11:1–11

```
S M Y G Z N K D Q Q
A E H I G H E S T Y
N R H T N S C O L T
N D A C S K A O L C
A S N E N R Z W T J
S L L U O A E M N D
O B Z A O N R D Z T
H R D Y T F R B V M
```

Found
Colt
Cloaks
Sat
Road

Branches
Went
Hosanna
Blessed
Highest

Solution on page 196

Faith to Move Mountains

Mark 11:22–25

```
M E V E I L E B X Z L
B O S N S R N O T N I
P E U R L W H T I A F
A R U N O E V A H W N
W O A R T Z D G B T R
Y I H Y M A G D M Z Y
M T L Y T Z I M L L K
Q B L L M D T N N J X
```

Have
Faith
Mountain
Thrown
Into

Sea
Pray
Believe
Will
Yours

Solution on page 196

The Son in the Vineyard

Mark 12:1–12

```
D R L J T S R T V
T R M R O N I Y J
S T A N L U E T X
E E B Y R S N W R
V N G F E A B L P
R A D N V N O N L
A N T R N V I A N
H T E D E Y S V W
Z S B D N T P P L
```

Vineyard

Went

Harvest

Sent

Servant

Tenants

Fruit

Son

Loved

Last

Solution on page 196

All to Jesus

Mark 12:41–44

```
R I C H C L M L L X
A G T O D O A T N B
L V I T N R Y L W B
L N B E G D K M O
S R Y E Z Q L T L D
Q O M P M R W A Y D
V O D O T O Z Q M T
Z P R M D B R R D S
P E T I P D Q W Q B
V M W Y M G Y J T J
```

Money
Rich
Large
Poor
Widow

Two
Small
Coins
More
All

75

Solution on page 196

Jesus Will Return

Mark 13:26–27

```
N A M W B M D Q P Y
L B P R G N K V X X
R R L P P S N Y Z Y
N M Y O D W W R Z D
Q V W U A N G E L S
Q E O Y R N N R P W
R L K R M E O O E R
C B A O T W V E S Y
N Y V L K P S O P R
G Z P G L Z Z B P Y
```

See
Son
Man
Clouds
Power

Glory
Angels
All
Over
World

Solution on page 196

The Last Supper

Mark 14:22–25

```
J J Y E Y N Y D L Q
K L V G D K O Q J G
Z A M L B O S I H T
G N B R L Y L D A P
K P E B T L Y K M X
Y A S M R V E W L Z
D W P U B O D Y T M
N I J U S V K T R D
R N L Q C E L E D N
P E M Z B B J T N B
```

Jesus
Bread
Broke
Gave
Take

This
Body
Cup
Wine
Blood

Solution on page 196

Jesus in the Garden

Mark 14:32–42

```
Q R T W S R S
L O E O H S X
N L U H A A H
Y L I P T C T
S A Y W T A J
I G R A M B F
T D W P C U P
```

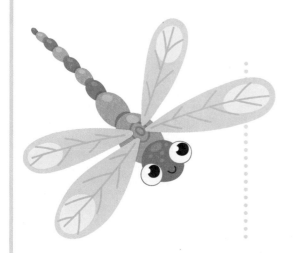

Sit

Pray

Soul

Watch

Pass

Father

Cup

Not

What

Will

Solution on page 197

Jesus Is Arrested

Mark 14:43–50

```
T S I G N D Y N M Y
J W L M G B M N W N
U K E S T S E I R P
D D I L W R L T A P
A E D S V L F W Q R
S L N Q S E A P M N
D F J O L Y K R T X
```

Judas	Will
Twelve	Kiss
Priests	Away
Sign	Left
One	Fled

Solution on page 197

Jesus Is Questioned

Mark 14:53–65

```
C H J P E N Y T
H I G E T N O N
R G E U S N O S
I H P S E U H N
S X T V L T S W
T G A I A A B R
Z E X E P T F D
H L D X D S T T
```

Jesus
High
Put
Death
None

False
Christ
Son
Heaven
Spit

Solution on page 197

King of the Jews

Mark 15:6–20

```
D J Z K S N C R B Z
S J I U W R O R N X
P N S O U B N L Y D
G E R C E T A L I P
J C I O L J P N N R
B F M J H L J E W S
Y I L G Y T A P T R
H N P M Z Q X C Y Z
```

Pilate

Call

King

Jews

Crucify

Him

Jesus

Robe

Crown

Thorns

Solution on page 197

On the Cross

Mark 15:25–32

```
L T F L E S R U O Y
C R U C I F I E D D
T H W S D E V A S V
E T R A S E T T Z Z
M K Y I I O H B G T
P S I L S R R B V L
L T E N E T K C M L
E B T E G Y L N R G
```

Crucified
Temple
Three
Days
Save

Yourself
Cross
Christ
King
Believe

Solution on page 197

Death of Jesus

Mark 15:33–39

```
N I A T R U C D
J E S U S J A D
H R K T B R O K
V A O A K G D G
L R J N S E B N
N A E I I R O R
Y S N R L S O R
S D C D L E Y F
```

Darkness

Land

Jesus

Cried

God

Forsaken

Elijah

Curtain

Torn

Son

Solution on page 197

The Tomb

Mark 15:42–47

H P E S O J K C O R
D G N Y Z Z G Y L Y
E E W E D T O M B W
E T L J N O Q D B M
N L A L E I B W N J
O A R L O S L B R T
T I L K I R U Y W D
S D Q L T P X S D N

Joseph   Tomb
Pilate   Rock
Body   Rolled
Jesus   Stone
Linen   Laid

Solution on page 198

Jesus Is Risen

Mark 16:1–8

```
A R S Q B Y N U S
F O N T L T Q M D
R L K R O N J N B
A L A M E N A R N
I E B S M W E L Q
D Y I M A R Y T G
T R Q Y D A Y R V
```

Mary
Early
Day
Sun
Tomb

Roll
Away
Stone
Risen
Afraid

Solution on page 198

The Great Commission
Mark 16:15–18

```
E L W T T Z Q N T D
M V M O K Z O L L A
T Y E G R I R R T P
S H O I T L S A I D
W R E A L I D D X D
E M E M N E O B Q B
N R R T T O B R B L
C G O G G L Z X R N
```

Said

Them

Go

Into

All

World

Good

News

Creation

Believe

Solution on page 198

Jesus Ascends into Heaven

Mark 16:19–20

T H D J N N V Q
A A F T E R L G
K N K V I O T K
E D A G R N D G
N E H D E D O G
H T U W T U G T
G Z N P T X D J

Lord
After
Taken
Up
Heaven

Right
Hand
God
Went
Out

Solution on page 198

Ready for Jesus

Luke 1:5–25

```
A N H O J M K E Q
N T L O R D L D D
G R S X E P G B V
E Q N E M K E L W
L V W E I F A R Q
W R T H O R E M Z
D Z M R T A P B T
X T E G D R S G M
N M X Y T Z I O Q
Z N P B W X G B N
```

Priest

Temple

Angel

Lord

Son

John

Birth

Before

Make

Ready

Solution on page 198

An Angel Sent to Mary

Luke 1:26–38

```
G U S M A R Y D R
A A O U Q G T O N
F L B Y S N J Z N
R E L R E E W M D
A G O S I I J G T
I N R R T E T K Q
D A D H B M L L R
```

Angel

Gabriel

Sent

Mary

Lord

With

You

Not

Afraid

Jesus

Solution on page 198

Mary and Elizabeth Believe

Luke 1:39–56

```
D D L I H C D R
E W E N T E H S
V T N S P R F J
E Y I A S R Q Y
I M E R U E L M
L L A I I O L K
E Z T R H P D B
B G J V Y J S G
```

Mary
Went
Child
Leaped
Holy

Spirit
Blessed
Fruit
She
Believed

Solution on page 199

John the Baptist Is Born

Luke 1:57–80

```
R N A M E L S
E R E H T A F
H R G J V N K
T O O I O A K
O O O F E H A
M R H P E L N
L L S W L B W
```

Mother
Name
John
Father
Speak

All
Who
Savior
Go
Before

Solution on page 199

Jesus Is Born

Luke 2:1–7

```
J B Y B A B N P Y N
O Q E V E O B R D J
S W L T S R B Y P J
E T E J H V E G N Q
P L N N J L M H N M
H Y R D T A E T T P
D R O B N N O H R D
R A B G J W Z Y E X
L M E D N B N M W M
Y R V Y J R L Y Z J
```

Town

Bethlehem

Joseph

Mary

Went

There

Baby

Born

Son

Manger

Solution on page 199

Shepherds Visit Jesus

Luke 2:8–20

```
S D R E H P E H S
N N I L W X P M Q
H I D A E D O O G
C G D L R G M Y K
T H N S I F N M G
A T A E N H A A D
W I R O W N C D N
D R T B L S Y Q X
```

Shepherds

Watch

Night

Angel

Said

Not

Afraid

Good

News

Child

Solution on page 199

Jesus in the Temple

Luke 2:21–40

```
T H G I L N G I S
W N P L O H I M Z
I C E E L P M E T
L H M S L D E Q Q
L I T O E M R B J
S L R J A R M M Y
N D D C L Y P J Y
```

Present
Him
Lord
Simeon
Came

Temple
Child
Light
Sign
Will

Solution on page 199

In the Father's House

Luke 2:41–52

```
T A M A Z E D H
E T N E W B O L
A D R X L U O E
C S Q E S O L Y
H Y Y E H P O F
E J Y A M T I K
R B R E D N A N
S V T Q D W Z F
```

Boy

Went

Look

Find

Days

Temple

Teachers

Amazed

Father

House

Solution on page 199

John Prepares the Way

Luke 3:1–18

```
Z V D J G P L W X M
N T O E V G A L F Q
B H N D R T Y I N T
N D R E E A R P I D
S O J R W E P R J Y
W I X R B V I E A T
D X N Z N P M W R N
O D R S S P N J T P
G K V K J Q Z L Q R
```

Word	Prepare
God	Way
John	Water
Went	Spirit
Sins	Fire

96

Solution on page 200

Jesus in Nazareth

Luke 4:16–30

```
Q  F  T  T  B  G  H  Y  N
T  L  R  R  O  T  N  E  S
Z  H  I  E  U  W  G  X  R
M  N  G  R  E  O  N  M  V
G  E  T  I  O  P  O  O  R
J  W  K  D  S  T  E  L  L
T  S  R  Y  G  T  T  M  D
```

Bring   **Sight**

Good   **Free**

News   **Tell**

Poor   **Truth**

Sent   **Town**

Solution on page 200

Jesus Must Preach

Luke 4:42–44

```
K T N E S S W H Y
H I R D U R D R N
C N N S O N T L D
A N E G U O M J Y
E J E O D U G N R
R D F W S O D O G
P D N T S L M X X
```

Jesus
Found
Must
Preach
Good

News
Kingdom
God
Why
Sent

Solution on page 200

Boats Full of Fish

Luke 5:1–11

```
G P C L Y J T P N
F N B A B X M Q L
I R I O T A S A W
S E A H N C D D P
H T G Y T O H D J
S A E T W O W V M
Y W K N I S N T R
```

Saw   Catch
Boats   Nothing
Nets   Many
Water   Fish
Down   Sink

Solution on page 200

Love Your Enemies

Luke 6:27–36

```
Y  G  M  O  T  H  E  R  S  G
E  V  O  L  R  N  G  P  P  T
W  V  R  R  E  H  R  I  T  R
H  R  Y  M  U  A  A  R  V  R
O  P  I  B  Y  O  B  T  N  E
T  E  M  V  P  Y  Y  D  E  J
S  D  O  O  G  K  I  N  D  M
```

Love   Hate
Your   Pray
Enemies   Give
Good   Others
Who   Kind

Solution on page 201

Do Not Judge

Luke 6:37–42

```
S P E C K N E
J N T O N V V
W U W Q I X P
I N D G L K K
L G R G C G E
L O T A E Y T
F L B T E K D
```

Not

Judge

Will

Forgive

Get

Back

Speck

Eye

Log

Own

Solution on page 201

The Good Fruit

Luke 6:43–45

F L M R O N Q N Q
R I V L O W G W G
U V T S T O N V N
I E R R O B O U T
T E E D A H C A E
P E Z D V E B M D
Z M J V X Q H G G

Good

Tree

Bad

Fruit

Each

Own

Person

Out

Heart

Evil

Solution on page 201

Faith Like This

Luke 7:1–10

```
W D Y K R R H R D L
T H I S O E E R L Y
Y P L M A C G H M K
E H A L I T T L G Z
V N T F G I X J R L
A L F R A P E R P M
L O I F O S C O M E
S M M K U W K Y T L
B J J S E M Z D P M
```

Slave

Roman

Officer

Jesus

Come

Heal

Worthy

Faith

Like

This

Solution on page 201

The Widow's Son

Luke 7:11–17

T Y D Q K M N K
A Q T G E L W N
S M Z G Y R A N
N C R O W D P T
M A U W O D I W
L N M N S C V B
G T L L R O Y L
B Y R Y D Y N J

Large
Crowd
Young
Man
Widow

Only
Son
Cry
Sat
Talk

104

Solution on page 202

The Pharisee's House

Luke 7:36–50

```
E L W T E E F N
S E P O S V E N
R M S N M V O R
A H I I I A I L
E S O G R A N M
T N R U H A O Z
N O R D S R H T
F N T Y E E B P
```

Pharisee

House

Woman

Feet

Tears

Hair

Love

More

Sins

Forgiven

Solution on page 202

The Parable of the Sower

Luke 8:4–15

```
Z S X D P B N N D L
L O L T R G D R Q M
M I R J L O A E P Y
E L J L G E W A E G
Q M E O H S R J O S
T F O D W A O D W J
G D K S B X Y W N Y
V T Z L D N D J E R
D R E L T D M L Y R
```

Parable	Good
Sower	Soil
Seed	Word
Some	God
Fell	Heard

Solution on page 202

The Son of Man

Luke 9:21–27

```
D K R N P T N T M G
E J E S U S R B M G
S D S A W E O F J N
I E J D F Y R N A Y
A A L F R O D M A W
R D U J M I M D X D
K S B Z V T H J R D
T J W V Y Y L T L L
```

Jesus
Was
Son
Man
Suffer

Third
Day
Raised
From
Dead

Solution on page 202

Jesus Sends Seventy-Two

Luke 10:1–24

```
Y V T W R E T O X T
B Y N Z V Q W E W L
S E V E N T Y T L G
R E R L Y B P O X L
A Y S L K E P W L L
E M B U A S Q N T Y
N K M C O H E A L M
M Y E K K H M N L N
Z M J Y R W Y V T W
```

Seventy

Two

Sent

Every

Town

Peace

House

Heal

Tell

Near

Solution on page 202

The Good Samaritan

Luke 10:25–37

```
L R Y M Z Y J V S B
N A O J K E M A Z W
Y P W B R Y M Y T Q
C L Z A H A L I F E
R L C E R G W M J B
E M V I Z H I D W T
M O T Z O N L E D R
L A M T Z K L L N B
N R M Y M D T D A V
```

Life
Law
Love
All
Who

My
Neighbor
Samaritan
Care
Mercy

Solution on page 202

Mary and Martha

Luke 10:38–42

A H T R A M B Z V
Y R E S R F E E T
W R S L T E N G T
O G A I P I N J Y
R Z Y M S I S O G
K A L T H T Y D T
W R Q T Y B E W N
X N T V G B L R W

Way
Martha
Sister
Mary
Feet

Sits
Work
Help
One
Thing

Solution on page 203

The Light in You

Luke 11:33–36

```
B O D Y L V D
U K L A M N Y
S N M L A T T
T P D T U H D
U E S E G F U
P E Y I R O N
E Q L E Y K L
```

Lamp	Eye
Puts	Body
Under	Full
Stand	Light
See	You

Solution on page 203

Not One Is Forgotten

Luke 12:6–7

```
F  O  R  G  O  T  T  E  N
S  W  O  R  R  A  P  S  D
N  R  V  M  D  T  D  N  X
T  X  I  A  O  U  O  R  Y
J  W  E  A  M  R  O  N  R
A  H  E  M  H  D  E  Y  W
R  D  N  N  O  Q  P  M  R
E  N  O  G  T  V  L  N  D
```

Sparrows
Not
One
Forgotten
God

Hairs
Head
You
Are
More

Solution on page 203

The Crippled Woman

Luke 13:10–17

```
H C A L L E D D
S T V N F A E W
A G A R A L R D
W W E B P M E E
S E N P B R O M
G E I R U A O W
B R T C Z R S Y
C G L L F L M Q
```

Sabbath
Woman
Crippled
Saw
Called

Are
Set
Free
From
Cured

Solution on page 203

Place of Honor

Luke 14:7–14

```
T Z N T E C A L P
B L E S S E D H N
T X W E D D U D I
R I B W G M O N J
H E S O B T V W Y
O R H L T I Z T N
N P E G T H V T G
O T L E I M P J Z
R Y B T N H Q T R
```

Sit	Lowest
Down	Higher
Place	Humble
Honor	Invite
Both	Blessed

Solution on page 203

The Great Feast

Luke 14:15–24

```
E  S  T  I  L  L  L  L  U  F
T  T  C  M  N  Y  L  D  W
I  T  S  O  D  N  E  H  W
V  M  A  A  M  R  O  O  M
N  O  E  E  E  E  M  B  V
I  R  T  M  R  F  T  D  D
M  E  B  B  T  G  J  K  R
```

Great

Feast

When

Come

Ready

Invite

Still

Room

More

Full

115

Solution on page 203

The Lost Coin

Luke 15:8–10

```
S I L V E R E Q
Z T S O L C B S
R F T L I Y I M
E E I O E N O N
N M J N N G I J
O E B E D O N T
R Q R Y C S Q A
```

Ten
Silver
One
Finds
Rejoice

Lost
Coin
Joy
Angels
Sinner

Solution on page 204

The Lost Son

Luke 15:11–31

```
R D S N O S W N
E T N W H O M E
H Y S U A Z Y L
T O E A O N A R
A S W N E F T N
F V O T O F N T
K J Y L X M M Q
```

Two
Sons
Want
Money
Home

Father
Ran
Feast
Lost
Found

117

Solution on page 204

Jesus Sees Zacchaeus

Luke 19:1–10

```
R P O O R H D T
K E E S O O N J
T D N U W R P Y
S S S N I E E S
E E A C I E J T
U J H V R S D P
G L G T E B W D
```

Rich   Guest

See   Sinner

Tree   Poor

Down   Seek

House   Save

Solution on page 204

The Ten Servants

Luke 19:11–27

```
S T T R G R E G L
G T E Y E S Z X V
Y D N V U X R W G
J K L A T I M E S
N I I E V L L E W
S T U N E R Q P Y
V O J O G R E W R
Y Y Y D Y B A S M
```

King

Ten

Servants

Silver

Times

Well

Done

You

Are

Use

119

Solution on page 204

Alive in Jesus

Luke 20:27–40

```
R M N W M N G N
A T W I E O E Q
I M A V A R R B
S E E N D G J F
E R V L G A A R
D I I I I E E V
J H D J L K L D
C B M D Z A E S
```

Raised
From
Dead
Never
Die

Again
Like
Angels
Children
Alive

Solution on page 204

Hands and Feet

Luke 24:36–43

```
H H N K G Q P J
C J A H O E R P
U F O N A O W T
O S E C D I L Q
T U E E T S E B
D P O H T E K M
K D B Y S K L M
```

Peace

Be

With

You

Ghost

Look

Hands

Feet

Touch

See

Solution on page 204

Word Became Flesh

John 1:1–18

```
E  L  Y  X  D  W  T  L  R  D
U  Y  Y  K  Z  K  Y  N  W  L
R  T  H  I  N  G  S  Y  H  W
T  T  L  Y  W  L  M  G  O  Y
G  B  B  T  I  E  U  R  M  Q
L  R  S  F  H  O  D  V  J  T
N  W  E  H  R  G  X  A  Y  T
R  I  K  H  I  B  I  W  M  K
P  T  T  T  R  N  A  L  J  D
Y  H  B  Z  R  S  E  Z  G  R
N  K  K  J  T  X  Q  S  G  Y
```

Was	Made
Word	Life
With	Light
Through	Shines
Things	True

122

Lamb of God

John 1:29–34

```
T  J  Y  A  W  A  D  Z
A  D  E  G  B  O  W  B
K  Y  L  S  G  M  N  P
E  L  L  R  U  H  A  S
S  O  D  J  O  S  A  L
G  O  T  J  I  W  M  Q
Y  K  B  N  L  R  Z  M
```

John
Saw
Jesus
Look
Lamb

God
Takes
Away
Sin
World

Solution on page 205

God So Loved the World

John 3:16–21

```
B T D G D K Y R M
E E O L S G E M R
L D V O R V K N X
I I N A E O B N N
E L F O G R W N L
V L H E Y W T O N
E W E W J L V R R
S D N R Y E N N D
G N O N D Y T O B
```

God	Only
Loved	Son
World	Whoever
Gave	Believes
One	Life

124

Solution on page 205

Woman at the Well

John 4:1–26

G N A M O W B G
T N Y W G R N R
H D I I A I R K
I W V T V T N Z
R E E I T I E T
S G L L R I F R
T K O D L I S M
Y M V D G K M D

Well	Gift
Sitting	God
Woman	Living
Give	Water
Drink	Thirsty

Solution on page 205

Father and Son

John 5:19–30

```
F S H O W S L Z Y B
A J O T N E S I R Q
T X Y N R E N M F A
H D M A S S M S L E
E D E V N E E L K T
R H R D X V O M P D
W T D W O P L D T Q
J B B L D T Y D B Y
```

Son	Shows
Sees	All
Father	Life
Does	Sent
Loves	Hear

Solution on page 205

Bread of Life

John 6:22–40

D A Y P B L L I W
R J U R R S Z G Q
L A E H E A V E N
L A I M P N P D R
D I O S W T S A L
Z C F O E N G N K
J D D E M N M V L

Bread
Life
Comes
Down
Heaven

Will
Raise
Up
Last
Day

Solution on page 205

Teaching from God

John 7:12–31

```
G Z L W S S Y Q
S N O Y E I M D
U H I G N H O Y
S M V H T G K M
E W M W C M X O
J M O O I A H Y
R N N N R W E X
K V E Q P F X T
```

Jesus	Who
Teaching	Sent
How	Know
Mine	From
His	God

Solution on page 206

Truth Sets Free

John 8:31–47

```
G T F W O N K C
N R R A Y T H M
O U R B M I T F
L T J F L I A B
E H R D S T L G
B E R E H N T Y
E E I E P E I N
N L R W S Y R S
```

Know

Truth

Set

Free

Sins

Family

Father

Children

Lies

Belong

Solution on page 206

Called By Name

John 10:1–6

```
J  J  B  B  X  N  G  V  Y
R  P  P  Y  J  Q  A  T  W
Z  Y  R  R  K  B  V  M  T
M  E  H  T  L  V  H  S  E
L  B  D  E  V  L  L  I  S
G  L  A  N  R  L  G  H  S
R  D  O  B  A  L  E  O  T
S  U  Y  C  N  E  W  T  P
T  T  L  J  P  N  N  P  L
```

Calls
His
Own
Sheep
By

Name
And
Leads
Them
Out

130

Solution on page 206

The Saving Gate

John 10:9

```
W J Q S R E T N E
T H R O U G H K M
W G O E D B M Y B
I D A E H A E J T
L W V T V T E M M
L A M M E E M T X
S Z L T R Y R V Q
```

Am	Through
The	Me
Gate	Will
Whoever	Be
Enters	Saved

Solution on page 206

Life to the Full

John 10:10

```
D N A T Y T Z R L
D R T H M T N D L
J M A Y B C H G Z
Y V L K O T J E L
E N Y M H E L Y Y
B M E A T L F B V
Q L T H U O Q I L
R X E F L B T B L
```

Come
That
They
May
Have

Life
And
To
The
Full

132

Solution on page 207

The Good Shepherd

John 10:11

```
D A X T D H Q W
M R E H T I X J
P S E D N S L W
D Y S H O W J J
D A E H P O O Q
D L R F E E G D
T O P M I E H M
F Y B R G L P S
```

Am

The

Good

Shepherd

Lays

Down

His

Life

For

Sheep

Solution on page 207

One in the Father

John 10:22–42

```
B P E E H S R
F E T E L L H
A Q L O N C N
T L W I T O S
H N I A E E L
E I N F N V Y
R S S T E T E
```

Tell
Believe
Sheep
Life
Snatch

Father
One
His
Own
Sent

Solution on page 207

Jesus and Lazarus

John 11:1–44

```
S L D N E I R F W
U V M V K N P D Y
R T I C Y E T M T
A L I O E R I S E
Z S U L W M B V T
A T S E Y Q O R P
L A P W Q E R C J
T T G W J D S G Q
```

Lazarus
Friend
Sick
Asleep
Rise

Live
Yes
Wept
Come
Out

Solution on page 207

Lifted Up for All

John 12:20–36

```
W Y T R U S T
F R L K N D X
S O J I E O V
A L L T G O S
V G F L I H M
E I P C O A T
L T E U N W L
```

Son	Voice
Man	Lifted
Glory	Up
Follow	Trust
Save	Light

Solution on page 208

Jesus Washes Feet

John 13:1–17

```
L S D N A H F X Y
O R N W G E R G Q
V L E A E H E A D
E Y E T E H S A W
D R E W A L Q R Y
G E T N O W C Y M
B V M Q D T Z Z D
```

Loved

Very

End

Towel

Water

Wash

Feet

Hands

Head

Clean

Solution on page 208

Many Rooms

John 14:1–4

P G Y N A M L Z D B
R N J V S T W J X Q
E I H T D M B A C K
P O G O E J O D J B
A G X R U P Q O Q B
R E E L L S W L R D
E H M A M I E P M W
W Y C O T R T D K M
Z E T H C Q Y L L D

House
Many
Rooms
Going
Prepare

Place
Come
Back
With
Where

Solution on page 208

The Way to the Father
John 14:6–14

```
R Y M L S Y V B X
E N A T R E O N E
H G B W C Z E N V
T H R O U G H N N
A M M L W T Q Z M
F E L O U B T R L
S I N R E F I L M
W K T T R D R N Z
```

Way
Truth
Life
One
Comes

Father
Through
Will
Know
Seen

Solution on page 208

The Holy Spirit

John 14:15–31

R D R N R S R P T
S E K N P D R R H
E D H I G E J C J
N E R T V W A M E
D I V E A E I M B
T Y R I T F A T N
H O L Y G N W M H
F U N M B G D M L

Give

With

You

Forever

Holy

Spirit

Father

Send

Name

Teach

140

Solution on page 208

Love and Obey

John 15:9–10

```
S T N E M D N A M M O C
L A N B T B N K M Y J P
T M S I J D X E Z Y Y T
P Z Y K A W M E T K R J
J O M L O M D P L P L L
U M T N R M E B M O R M
L R F A T H E R V J D R
L M Y W Z G X E Z W Z T
M J R E V L D D J L W L
X T H X J D R M T J Y J
B T N D V R B X L K P V
```

As	Now
The	Remain
Father	My
Loved	Keep
You	Commandments

Solution on page 208

Love Each Other

John 15:12

```
T  R  W  J  G  U  M  K  D  T
H  R  D  H  M  Q  O  E  S  A
A  X  C  D  L  L  V  Y  M  Z
V  A  M  R  N  O  O  M  Y  B
E  Q  R  E  L  A  P  V  T  Y
M  L  Y  H  M  P  M  H  E  X
Q  R  Z  T  Q  J  I  M  Z  T
J  Z  D  O  Y  S  Y  Q  O  T
K  K  X  D  T  L  M  Z  Z  C
```

My	Other
Command	As
This	Have
Love	Loved
Each	You

142

Solution on page 209

Greatest Friend

John 15:13

```
G R E A T E R E V
R D Z Q W T N K W
E Z O Q D O D X F
R V M N E N K R D
S D O M E E I K P
I L O L H E F D R
H S Y A N B O I R
T A S D R W L Z L
L J S X N M B M Y
```

Greater

Love

Has

One

This

Someone

Lay

Down

Life

Friends

143

Solution on page 209

He Chose Us

John 15:16a

```
R C H O S E T
A N M D S T N
E O E O I L D
B T O U A D W
Z H R S U O Y
C F T O G D M
```

Did	You
Not	Go
Choose	Bear
Me	Fruit
Chose	Last

Solution on page 209

Whatever You Ask

John 15:16b

W H A T E V E R
R E H T A F Y T
W G U N E M A N
E I I O K M R R
H V L S Y L L N
T E A L W Y M T

Whatever   Name
You   The
Ask   Father
In   Will
My   Give

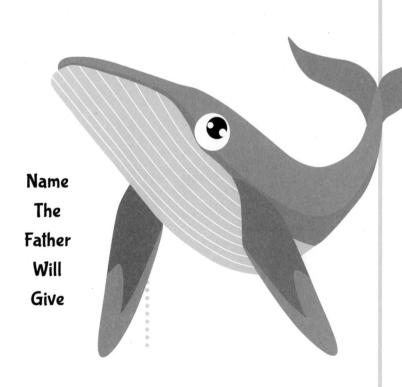

Solution on page 209

Jesus Prays for Disciples

John 17:6–19

```
O N E M D Y N J
T C E T O R P D
W O R L D R R D
Y T B X G O F M
O M R A W W E V
U R V U O H R Y
R E G N T R R L
S Y K T L H R T
```

Gave	Know
From	Truth
World	Protect
Yours	Them
Word	One

Solution on page 209

Jesus Prays for Believers

John 17:20–26

```
T L T M T O Q L L
E O Z O H T L M K
P V Y W N I A U W
M E E K W L O P D
B D T I S Y Y D L
V O Q O L A M A Y
N T G N L E L L L
Q G X L Z Y B D R
```

Ask
Not
Only
Who
Will

Believe
You
Also
Loved
May

Solution on page 209

Pentecost

Acts 2:1–13

```
L A N G U A G E S
D T R M H T P Z M
E Q I C R E H T O
L H A R O T E Y R
L E O P I R A E H
I B L L I P D A Y
F E R F Y R S T R
```

Day

Fire

Each

Filled

Holy

Spirit

Other

Hear

People

Languages

Solution on page 210

Promises Kept

Acts 2:14–41

```
L R Z Z R R T R Y
J E J X M M J P Y
N P E S I M O R P
T E H P O R P N N
D N D W A D E N M
E T A I E V A O B
G V S L A N R E N
Q E A E P F K P D
D Q H G L P Y K P
```

Prophet

Knew

Plan

Raised

From

Dead

Heaven

Repent

Promise

Gave

Solution on page 210

Believers Together

Acts 2:43–47

```
B R A L L D W W X
E E D E V A S Z W
L H S H A R E O Y
I T L D D N N A V
E E R W E D D R M
V G W E E T P D D
E O D R H R D J M
R T S E Z Q E M B
S Y Y J L R M J M
```

Wonders

All

Believers

Together

They

Share

Need

Day

Were

Saved

Solution on page 210

Standing in the Name of Jesus

Acts 3:1–10

```
M Z X Q Q D R P R X
A D Y W W L L Z N T
N A G E B T Y A A M
D D W Y E D X H M R
T Y Q M X N W R M E
W G P Q L A R X W V
E L I L R T H A V E
E M T V J S L R R J
Y W A Y E K N D X J
W W B N M Z R T B Q
```

Man

Temple

Lame

What

Have

Give

Name

Stand

Walk

Began

Solution on page 210

The Name That Saves

Acts 4:1–21

```
D J M H P D D J Z
P Y E E T E M A N
Q O T S V I K M P
N E W A U A W T X
R H S E E S O Q N
Y J O P R N E E B
G T S J E J M B B
```

Peter	Jesus
John	Saved
Power	Been
One	With
Name	Speak

Solution on page 210

The Apostles Heal Many

Acts 5:12–16

```
S Y E H T C J N B L
N E Z Z U V U Y L G
G T L R M M E R E W
I R E T B D E D D A
S D E E S K T L L G
Q D R A C O L W N X
L S P I T A P B D M
R N S M F D N A X J
```

Signs
Apostles
Added
Great
Numbers

Sick
Fall
They
Were
Cured

Solution on page 210

Jesus Opens Saul's Eyes

Acts 9:1–22

```
D O D K S C S Y N
R G M I H A E Z Y
O L G R I R L W L
L H I N A U D T L
T S A G A S E Y E
T N W S H W H O V
A T T Z X T Z N K
```

Saul

Light

Who

Are

Lord

Eyes

Ananias

Go

Sight

Christ

Solution on page 211

We All Fall Short

Romans 3:23–24

```
T Q T H G I R F B E
Q R D D G J A N W S
M G O R O L L H U M
K N A H L G D S I M
V C S D S N E I K S
E W R I Z J K T D X
Y N M M N R M Q D R
Y N Y T X S M Z K Y
```

We
Fall
Short
God
His

Grace
Right
Did
Jesus
Sins

155

Solution on page 211

We Have Peace

Romans 5:1–5

```
L O R D L D D J D E
X P D T L M Z O P R
D B E T M Y N O U B
R H H A V E H B B S
L Q T M C R V F J M
N Y Y I R E D O Z H
W Q T B W M O R A Y
D D M R D V G S J X
```

Have Has
Peace Done
With For
God Us
Lord Hope

Solution on page 211

God's Love through Christ

Romans 5:6–8

```
S  R  E  N  N  I  S
E  T  W  G  S  Z  Q
V  T  S  H  O  S  W
O  D  O  I  I  D  K
L  W  I  H  R  L  N
S  Q  E  E  W  H  E
U  W  J  B  D  Y  C
```

God
Shows
His
Love
Us

While
We
Sinners
Christ
Died

Solution on page 211

Nothing Can Separate

Romans 8:38–39

```
A E R U S K J S
T N P S N J E D
A S G L U P R G
B Q I E A S O G
L F V R L D E M
E O A O H S D J
L T R J B C Y Y
E D M L Q Y Y J
```

Sure

Life

Angels

Able

Separate

Love

God

Christ

Jesus

Lord

Solution on page 211

Overcome Evil with Good

Romans 12:9–21

```
R E T A H E M Y
E B S L V Y E M
H U S R I V Y D
T T E G O V W N
O S L L O I E V
N B B R T O N E
A M Y H J R D G
```

Love
Hate
Evil
Good
One

Another
Serve
Bless
But
With

Solution on page 211

Love Your Neighbor

Romans 13:8–12

```
N L O L D E P Y
T E O T A L O T
N V I C H U R E
E W H G R E M D
E A Q S H I R N
N L E D T B O Z
O L W W Z W O D
F R O N N P T R
```

Owe

Love

Each

Other

One

Law

Neighbor

Yourself

Time

Now

Solution on page 212

The Lord's Supper

1 Corinthians 11:23a–25

```
S O S L A T O O K
U B S K N A H T D
P R M C B W Y V N
P O K P U D Y B N
E K S N O P R P L
R E I B I E Y J K
J Y H B A R T R W
W J T D B Z D R Y
```

Took	Body
Bread	Also
Thanks	Cup
Broke	Supper
This	Drink

161

Solution on page 212

Love Never Fails

1 Corinthians 13:4–8a

J E R S N T K I N D
D V E O R H B Y J W
A O T U N X T V D V
D L T F M E Y I W N
E H W R A Z V P W B
V B W A T I J E R Z
I Y B D Y J L L R D
L Z Q N Z S B S G Y

Love	With
Kind	Truth
Does	Always
Not	Never
Evil	Fails

Solution on page 212

Our Hearts Shine

2 Corinthians 4:5–6

```
R Y D L Y P D D
W H E A R T S R
S Y T E L L B S
F U A S I O H N
O C S G I I R R
H U H E N R U D
D T T E J O H D
B W G X V K T C
```

Preach

Christ

Jesus

Lord

Light

Shine

Out

Of

Our

Hearts

Solution on page 212

New Creation

2 Corinthians 5:17–21

```
N O I T A E R C
C D M Y H S I N
H E E A N A J D
R M S S W E M Y
I O D A S O W Y
S C Y L R A Q N
T Y J F O P P K
```

Christct ctConstruction

Christ

New

Creation

Old

Has

Passed

Away

Come

From

Sin

Solution on page 212

Rich in Christ

2 Corinthians 8:9

```
B C L R O O P
E H R O K R M
C R S I R E J
A I A U C D T
M S W A S H Y
E T R M A E Q
D G Z T T K J
```

Grace
Lord
Jesus
Christ
Was

Rich
Yet
Became
Poor
That

Solution on page 212

One Body in Christ

Ephesians 4:1–16

```
C A P X N Q V N B
H H L O T N I R B
T O R L B D Q T X
I P P I G D A E H
A E E R S B O D Y
F P O N T T Q G T
U W L Q O R T W M
```

One
Body
Faith
Hope
All

Grow
Up
Into
Head
Christ

Solution on page 213

Press On

Philippians 3:12–21

```
P R I Z E X R
S N W Y D O B
S A E A F N O
E G H V I W R
R O J E A T J
P A G L A E P
L L K J J D H
```

Press

On

Ahead

Goal

Prize

Walk

Heaven

Wait

For

Body

Solution on page 213

He Is First

Colossians 1:15–20

```
C H T J W G P B
Y R G H R E E X
H V E U I F R F
A T D A O N I E
L J R R T R G Y
L V E A S E H S
R O F T E M D T
Y T P P L I B Q
W T Y Y Q H D J
```

All
Things
Earth
Were
Created

Through
For
Him
Before
First

Solution on page 213

Clothe with Love

Colossians 3:12–17

```
P E A C E N J N
W C L S E X S Z
I E L S E K Q L
T L O O N N G N
H H O A T N O T
C P H V I H A S
M T M S E Z E L
```

Chosen
Ones
Clothe
With
Has

Love
Let
Peace
Sing
Thanks

Solution on page 213

Jesus Came to Save

1 Timothy 1:12–17

```
S E J J Z R N M T
R C C Y E K T W P
E A N A N S O N J
N M O A R R U M A
N E H T L G J S V
I T R D N S A V E
S M I H Q I K N B
```

Thank

Him

Grace

Jesus

Came

Into

World

Save

Sinners

Am

Solution on page 213

Not Because of Works

2 Timothy 1:6–14

```
B T W N Q P N A F
M E O O O T F I G
G T C W R L G N Z
E R E A A K U R D
V R A M U O S N Z
O Y E C Y S Q P D
L T G K E Q E T K
```

You
Fan
Flame
Gift
Power

Love
Not
Because
Works
Grace

Solution on page 213

Washed with Pure Water

Hebrews 10:19–25

```
H T I W V W N
T C A B A E D
I Y L T W E T
A X E E H R D
F R R S A O N
W U A E O N N
P W H G P Z N
```

New

Way

Heart

Faith

Clean

Washed

With

Pure

Water

Good

Living Hope

1 Peter 1:3-9

```
G D M V W Y Z B R K
N R Z O N S M L N P
I N B R R E I I T M
V J N O R F A H P Z
I M L C R G H O P E
L G Y Y A N D L D T
D D R Y Y E K L T M
K M X E A N O L J L
K W P D A G B L L B
T N R K R T D R Z J
```

His
Great
Mercy
Born
Again

Living
Hope
From
Dead
Gold

Solution on page 214

He Cares about You

1 Peter 5:7

```
Y C E V I G W
A O A Y F O T
L B U R R O L
D O O R E M R
Y N I U L S G
R E A L T O G
S J A L D Z J
```

Give	God
All	For
Yours	Cares
Worries	About
And	You

Solution on page 214

Children of God

1 John 3:1

```
N E R D L I H C M
D T X S D F J Y M
W E A S A O D L T
H H L T E N G Z R
A L H L I E W M X
T E F K A E V O L
R O X T L C D W R
```

See
What
Kind
Love
Father

Has
Called
Children
Of
God

Solution on page 214

Let Us Love One Another

1 John 4:7

```
P D O G B R D Z G
A N O T H E R J Q
E K P G V U L E T
X G N O M O S Z V
T Q L O V L R N D
D E R E W B O R N
B F M Q B S Z P R
```

Beloved
Let
Us
Love
One

Another
From
God
Born
Knows

Solution on page 214

How Much We Are Loved

1 John 4:9

```
S D M U C H W D
E N E P N O O R
N B K W R G N Y
D V O L O D J L
I H D N E H M B
N Q L V O V S N
G Y O W N N O S
T L K Z Y V E L
```

God

Showed

How

Much

Loved

Sending

One

Only

Son

World

Solution on page 214

The Love That Came First

1 John 4:10

```
S A C R I F I C E
S D B S R U O D M
L N I S N N N J W
M H I D E O O L M
T Y L S L N T S R
D J G A V O T K Z
Z O D T E Y V L T
D B J B M R J E R
```

This	Sent
Real	Son
Love	Sacrifice
Not	Our
God	Sins

178

Solution on page 215

He Hears Us

1 John 5:13–14

```
E C N E D I F N O C
A M R Y E V L K K D
N T A P F L S N L Y
Y Y Y N I A O R S Z
T N G W L W Z R L P
H M D M Z J A V Y G
I Z I J D E M T W J
N S I H H Z J M Z D
G N T R B B M L T T
```

Name	Anything
Life	His
Confidence	Will
Him	Hears
Ask	Know

Solution on page 215

In the Love of God

Jude 20–21

```
T L N Q T Q L X T
I O P L X Z J P D
R V W D R Z Y J F
I E D B R Z L A T
P M Y K J O I D X
S L E D Y T L V Y
X E I R H O L Y P
P Z X F C Y U U Q
D Q Y L E Y L J Q
```

You	Keep
Up	Love
Holy	Mercy
Faith	Lord
Spirit	Life

Solution on page 215

Open the Door

Revelation 3:19–20

```
D N A T S N W B
S Y W K N O C K
R E T O V E D D
A D M O P O A M
E A I O O E H T
H C N R C T N N
E W Y D I T W S
J B Y W G Q L R
```

Stand	Voice
Door	Opens
And	Come
Knock	Eat
Hears	With

Solution on page 215

The River of Life
Revelation 22:1–5

```
M Z R Y R L M A M
P R T E I E N V V
L I M G F G V R Y
C A H P E I E E Y
E T M L N V L M J
E E S B I E C A F
R B T R X J B Q B
T X N B R Q P N L
```

Angel	Lamb
River	See
Life	Face
City	Light
Tree	Ever

182

Solution on page 215

Our Great Light

Prince of Peace

All Shall See

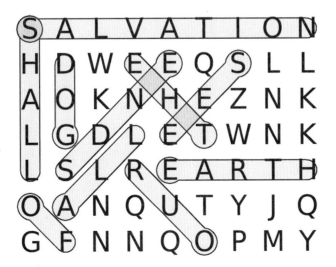

Love Is Better

His Love Endures

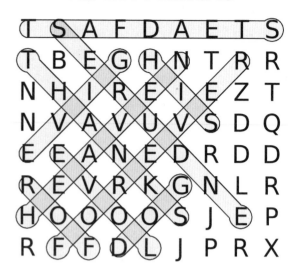

He Calms Fears

Joseph and the Angel

God with Us

Baptism of Jesus

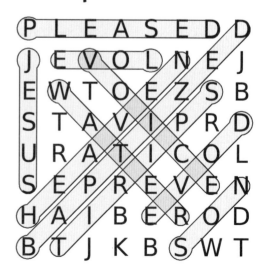

Jesus Stays Strong

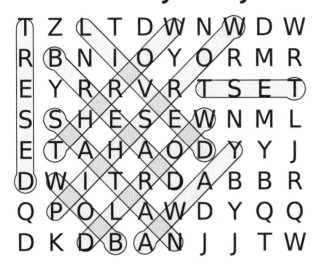

T Z L T D W N W D W
R B N I O Y O R M R
E Y R R V R T S E T
S S H E S E W N M L
E T A H A O D Y Y J
D W I T R D A B B R
Q P O L A W D Y Q Q
D K D B A N J J T W

Fishers of Men

E E L I L A G D
S M R C N W Z Y
L R B E O J L R
A N E L T M W G
K R L H A E E R
E O A K S N P M
F E E Y E I E L
S V G T J N F D

Sermon on the Mount

D T H H N M X M X
K E I E E Y E H T
I M S R A A Y W R
N G C S I V R X N
G Y R F E P E T R
D J O E M L S N M
O R R J A J B J R
M A R Y T T B B G

Light of the World

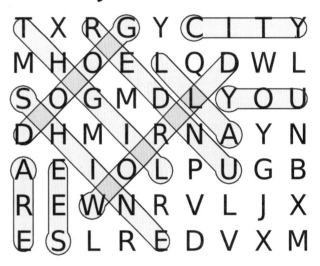

T X R G Y C I T Y
M H O E L Q D W L
S O G M D L Y O U
D H M I R N A Y N
A E I O L P U G B
R E W N R V L J X
E S L R E D V X M

Jesus Teaches about Prayer

F A T H E R L D R
Y S D E E N R R G
A N E M K A R Y Y
R S I E W T B D G
P H W E S E A R T
T A R O F M Q H J
Z R S O N N D P W
Q R R K D K P J R
M E D B N T J L V

The Lord's Prayer

F H E A V E N N N
B A E H B L N W M
R N T V T Y L O J
E A M H I R D I Q
A M T L E G A X W
D E O Y N R R E G
P U O I J J V O Y
R U K Q R Z T W F
R G D D L M N R B

185

Treasures in Heaven

Do Not Worry

Seek First His Kingdom

Ask, Seek, Knock

Build on the Rock

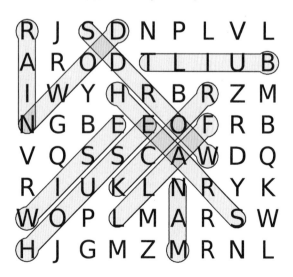

Jesus Calms the Storm

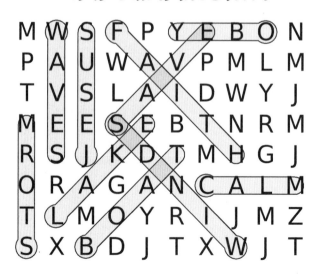

Jesus Forgives and Heals

```
L H N H T N F D
J X E O T O Y L
S E W A R I I P
I N S G R V A V
N K I U E T Q F
S V L N S A S L
E T B A A M G Y
M L Z X W M L K
```

Jesus Eats with Sinners

```
B Q X J X Z Z M Y
S E E S I R A H P
R H E A L T H Y N
E E L J T S E X L
N X N H D M A S J
N K E N O T I W X
I W D H I C T A E
S L B P K D V R Y
```

Blind No More

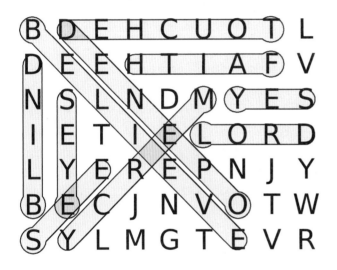

```
B D E H C U O T L
D E E H T I A F V
N S L N D M Y E S
I E T I E L O R D
L Y E R E P N J Y
B E C J N V O T W
S Y L M G T E V R
```

Sending Out the Disciples

```
P T X P L A E H S
R G W E T N Q E Z
E Z J E B N L Z E
A M T H L P E S T
C Y Y J S I V I S G
H Y J E C L A E I K
Y X S Z R O V K Y
Y I U T R E S D Z
D G S L Y D L T J
```

The One Who Is to Come

```
D V H E A R D E
R E M R W B S S
X O A N J L I Q
C T W D E G G B
N D B A H W L J
E N O T L I S W
N B B O N K R Q
J X Q D G N D N
```

Jesus Gives Rest

```
S N R T M E K A T
L L W Q S Y O K E
I E U E C E M D K
G J V O A Y R M P
H L M I S R R L R
T E L A G R Y Q D
R Q E A B J N K K
```

187

The Family of Jesus

```
G D D T Y L M M R N N M
Y R D V S M K O L K X Y
N Y P W G R H V T T M D
E N O Y N A E E O H K T
D O E S L P Q H A H E B
W L D Q D Y W Y T V W R
F Q K N Q R M I K O E T
D A N N E T J D L L R N
G N T T L E R L Z L J B
G Y S H S M N K B M K L
L I V U E T J D D V Z L
S R S L J R R X B D L G
```

The Mustard Seed

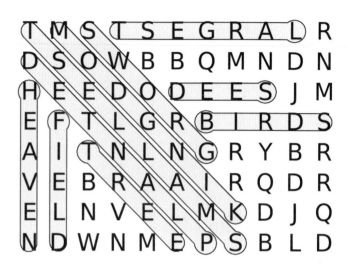

```
T M S T S E G R A L R
D S O W B B B Q M N D N
H E E D O D E E S J M
E F T L G R B I R D S
A I T N L N G R Y B R
V E B R A A I R Q D R
E L N V E L M K D J Q
N D W N M E P S B L D
```

Jesus Feeds Five Thousand

```
E F O O D P J M H Y N
J A G N I S S E L B E
R L T E Y R A B E V D
V O T B V V Z K I M Y
Z A W M E I O G F W Y
M V O N J R F I R N X
Y E P X B M S L N P Z
Q S Y N P H R Q W M V
```

Walk on Water

```
L D B R D D B P T Y
N N Q T S N Z Q Q Y
A F R A I D I F N D
N D V T Z J A W R B
Y E Y L B I E E D G
S Z J T T M T S R J
M I A H O E A L U J
T O N C P Z B E Q S
B G L K Q T J B S J
```

188

Miracles of Healing

E	H	K	A	E	P	S
D	E	S	U	S	E	J
W	A	L	E	E	D	M
O	L	A	I	N	E	L
R	E	A	I	L	A	S
C	D	L	M	I	A	Y
L	B	L	D	E	M	G

Son of God

Q	Y	N	D	H	L	H	D	B	R
H	O	Q	T	I	E	D	K	Z	D
S	A	R	V	A	E	Y	L	J	X
P	A	I	V	S	P	Y	E	R	A
E	N	E	S	E	T	D	M	Y	L
G	N	E	T	S	D	R	L	K	Y
N	L	E	M	O	E	S	Y	E	K
B	R	V	G	M	G	M	N	P	R

Like the Sun

W	D	N	F	J	L	M
D	O	U	E	A	E	T
T	I	S	O	N	C	E
L	U	A	O	L	T	E
S	I	H	R	I	C	N
U	S	K	H	F	O	T
N	Z	W	E	S	A	N

Humble Is the Greatest

G	R	N	M	O	W	V	K	H	B	Q	G
R	E	V	N	H	O	G	N	E	M	M	R	K
E	R	W	X	R	D	A	V	R	L	Y	T
A	E	L	P	N	V	G	S	Y	H	M	Q
T	N	J	I	E	T	I	N	U	G	T	D
E	O	S	N	T	H	Q	M	I	W	M	Y
S	Y	T	E	T	T	B	B	L	K	B	V
T	N	Y	Q	M	L	L	D	L	I	H	C
D	A	L	N	E	O	V	E	G	B	J	L
L	T	M	Y	M	W	C	J	G	Z	P	Z
L	J	Q	G	Q	R	M	E	Y	P	D	N
W	Q	X	Y	Z	B	D	D	B	J	X	D

189

Little Ones Who Trust

Don't Look Down

The Lost Sheep

Where Two or Three Gather

Little Children, Come

All Things Are Possible

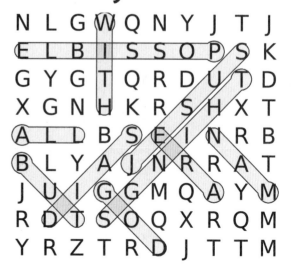

Made Equal

Jesus Is King

The Greatest Commandment

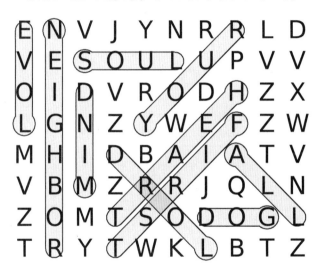

On the Clouds of Heaven

The Earth Shook

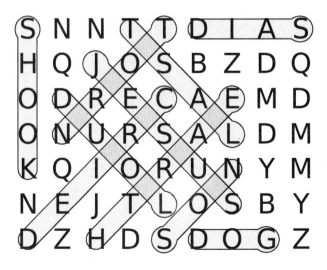

Do Not Be Afraid

Jesus Casts Out Evil

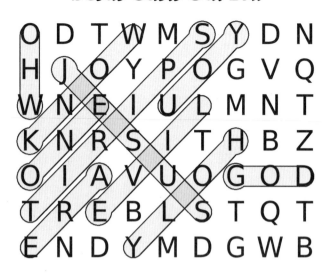

O D T W M S Y D N
H J O Y P O G V Q
W N E I U L M N T
K N R S I T H B Z
O I A V U O G O D
T R E B L S T Q T
E N D Y M D G W B

A Town Cured

K S I C K R L
C O F K L E D
J U O E F N H
D Y R T V O V
P N G E U E D
U A A S D E R
K M E H B Z P

Be Clean

L M A K E U Y
T E V H O L Y
F H P Y A C T
E I Q R L N Q
L M N E O N D
B M A N D S K
E N Y C M Y Y

Good Always

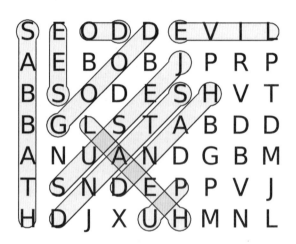

S E O D D E V I
A E B O B J P R P
B S O D E S H V T
B G L S T A B D D
A N U A N D G B M
T S N D E P P V J
H D J X U H M N L

Grow with Jesus

K T D I A S G G
I S S C A N R L
S E E H O O Z Y
G E E N W M N R
D R D W I T E D
O A O W O A V G
M H G J K N R G
Y L M D M T K G

A Touch of His Robe

F P Q K W X T M Y
A B O G Z O Q T Y
I E V W U E B O R
T D C E X W N K
H T H E Z R A Z X
T E E Y L M Z W J
P R J N O A E N K
W J J W O L E T Q
R K B J L G J H R

192

The Sleeping Girl

```
F R Y N T A D L
A W Q D S L I D
I M A L E T I M
T J E S T A C Z
H E G L R H D L
P E E F I M R T
T U A L G I K R
M Y D W G D D R
```

Faith and Miracles

```
M E T F M M T Z
I M E T A A B C
R O A R H I O X
A H C W E U T T
C N H H L H D H
L W Y D I Z W Q
E O N N L M B K
S T R V A R M X
```

Running to Jesus

```
H T Y E L P O E P L
B E G G E D S B J S
T R A H B B Y I T L
N O Q L C B L A C R
E B Q L E U M L T K
W E N B G D O H Z R
Z D A B Y V E T T D
X Z R Z B Y T L V X
```

Ears Opened

```
D E N E P O M P M
S T N D P S U R S
R A N G T E T A R Z
A E H N P A E I N
E V E J I G F P D
L A K N K Q D B
L E R I L Y O Q N
N H F M M A D O D
Z P N Z D Y T Y L
```

Jesus Feeds Four Thousand

```
L E J D L D G Q
L D L E A N X Y
A B F P I Y R M
M T R H O G S O
S H T E N E V Y
M O S U A E P E
N L H I R D A J
B L N M F T G Z
```

Baskets of Bread

```
S B Y N A M T Z T
T R R S T R A E H
E E F O T V B Y T
K A N A K D S N M
S D O O E J B Y
A B D R Y L M P M
B Z W E S R A E L
```

193

Welcome the Child

Miracles in His Name

The Kingdom of God

Receive as a Child

194

Blessings from Jesus

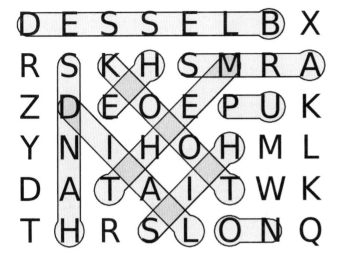

```
D E S S E L B   B X
R S K H S M R A
Z D E O E P U K
Y N I H O H M L
D A T A I T W K
T H R S L O N Q
```

The Last Will Be First

```
F M E H L A S T
I E U F T W T K
R M T C I U H M
S O Y Y H L R O
T C N B L A N T
M A T E T D G W
M Q T D V N Z E
```

Jesus Came to Serve

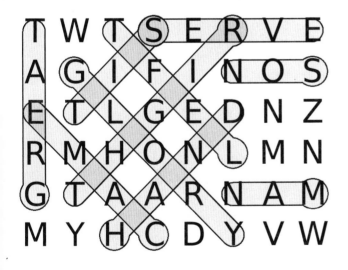

```
T W T S E R V E
A G I F I N O S
E T L G E D N Z
R M H O N L M N
G T A A R N A M
M Y H C D Y V W
```

Jesus Heals a Blind Beggar

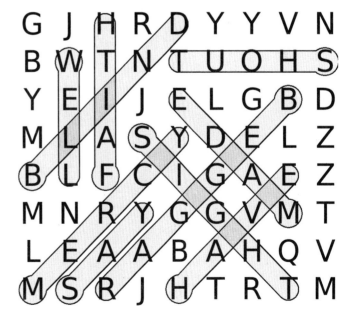

```
G J H R D Y Y V N
B W T N T U O H S
Y E I J E L G B D
M L A S Y D E L Z
B L F C I G A E Z
M N R Y G G V M T
L E A A B A H Q V
M S R J H T R T M
```

Hosanna in the Highest

Faith to Move Mountains

The Son in the Vineyard

All to Jesus

Jesus Will Return

The Last Supper

Jesus In the Garden

```
Q R T W S R S
L O E O H S X
N L U H A A H
Y L I P T C T
S A Y W T A J
I G R A M B F
T D W P C U P
```

Jesus Is Arrested

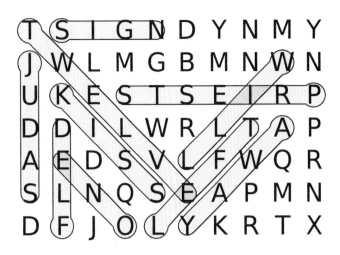

```
T S I G N D Y N M Y
J W L M G B M N W N
U K E S T S E I R P
D D I L W R L T A P
A E D S V L F W Q R
S L N Q S E A P M M
D F J O L Y K R T X
```

Jesus Is Questioned

```
C H J P E N Y T
H I G E T N O N
R G E U S N O S
I H P S E U H N
S X T V L T S W
T G A I A A B R
Z E X E P T F D
H L D X D S T T
```

King of the Jews

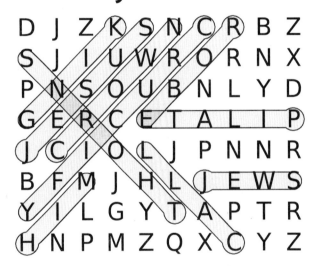

```
D J Z K S N C R B Z
S J I U W R O R N X
P N S O U B N L Y D
G E R C E T A L I P
J C I O L J P N N R
B F M J H L J E W S
Y I L G Y T A P T R
H N P M Z Q X C Y Z
```

On the Cross

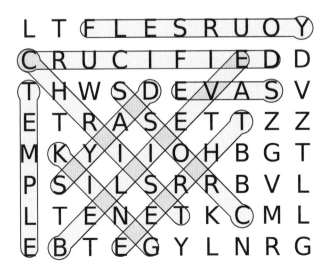

```
L T F L E S R U O Y
C R U C I F I E D D
T H W S D E V A S V
E T R A S E T T Z Z
M K Y I I O H B G T
P S I L S R R B V L
L T E N E T K C M L
E B T E G Y L N R G
```

Death of Jesus

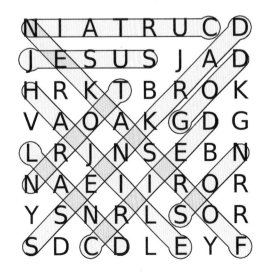

```
N I A T R U C D
J E S U S J A D
H R K T B R O K
V A O A K G D G
L R J N S E B N
N A E I I R O R
Y S N R L S O R
S D C D L E Y F
```

197

The Tomb

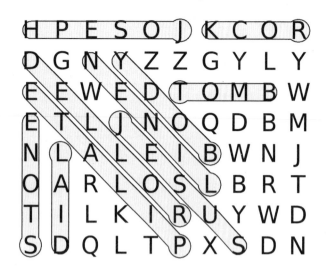

Jesus Is Risen

The Great Commission

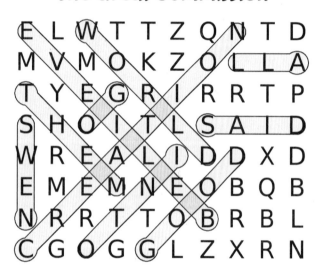

Jesus Ascends into Heaven

Ready for Jesus

An Angel Sent to Mary

Mary and Elizabeth Believe

John the Baptist Is Born

Jesus Is Born

Shepherds Visit Jesus

Jesus in the Temple

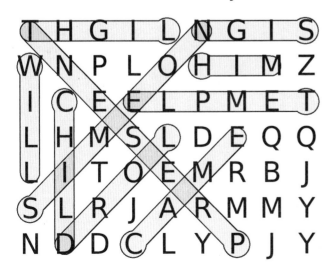

In the Father's House

John Prepares the Way

```
Z V D J G P L W X M
N T O E V G A L F Q
B H N D R T Y I N T
N D R E E A R P I D
S O J R W E P R J Y
W I X R B V I E A T
D X N Z N P M W R N
O D R S S P N J T P
G K V K J Q Z L Q R
```

Jesus in Nazareth

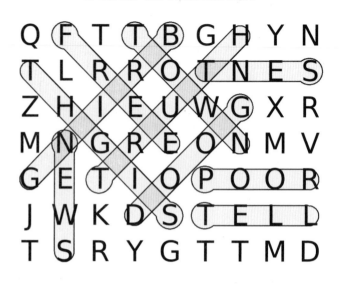

```
Q F T T B G H Y N
T L R R O T N E S
Z H I E U W G X R
M N G R E O N M V
G E T I O P O O R
J W K D S T E L L
T S R Y G T T M D
```

Jesus Must Preach

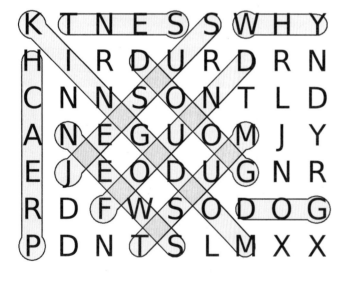

```
K T N E S S W H Y
H I R D U R D R N
C N N S O N T L D
A N E G U O M J Y
E J E O D U G N R
R D F W S O D O G
P D N T S L M X X
```

Boats Full of Fish

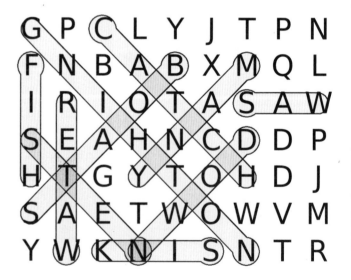

```
G P C L Y J T P N
F N B A B X M Q L
I R I O T A S A W
S E A H N C D D P
H T G Y T O H D J
S A E T W O W V M
Y W K N I S N T R
```

Love Your Enemies

```
Y G M O T H E R S G
E V O L R N G P P T
W V R R E H R I T R
H R Y M U A A R V R
O P I B Y O B T N E
T E M V P Y Y D E J
S D O O G K I N D M
```

Do Not Judge

```
S P E C K N E
J N T O N V V
W U W Q I X P
I N D G L K K
L G R G C G E
L O T A E Y T
F L B T E K D
```

The Good Fruit

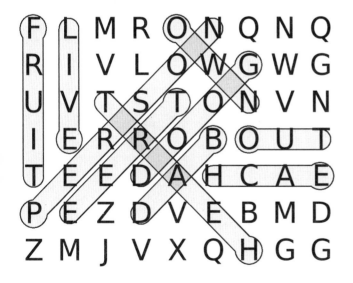

```
F L M R O N Q N Q
R I V L O W G W G
U V T S T O N V N
I E R R O B O U T
T E E D A H C A E
P E Z D V E B M D
Z M J V X Q H G G
```

Faith Like This

```
W D Y K R R H R D L
T H I S O E E R L Y
Y P L M A C G H M K
E H A L I T T L G Z
V N T F G I X J R L
A L F R A P E R P M
L O I F O S C O M E
S M M K U W K Y T L
B J J S E M Z D P M
```

The Widow's Son

```
T Y D Q K M N K
A Q T G E L W N
S M Z G Y R A N
N C R O W D P T
M A U W O D I W
L N M N S C V B
G T L L R O Y L
B Y R Y D Y N J
```

The Pharisee's House

```
E L W T E E F N
S E P O S V E N
R M S N M V O R
A H I I I A I L
E S O G R A N M
T N R U H A O Z
N O R D S R H T
F N T Y E E B P
```

The Parable of the Sower

```
Z S X D P B N N D L
L O L T R G D R Q M
M I R J D O A E P Y
E L J L G E W A E G
Q M E O H S R J O S
T F O D W A O D W J
G D K S B X Y W N Y
V T Z L D N D J E R
D R E L T D M L Y R
```

The Son of Man

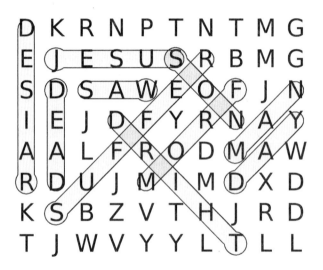

```
D K R N P T N T M G
E J E S U S R B M G
S D S A W E O F J N
I E J D F Y R N A Y
A A L F R O D M A W
R D U J M I M D X D
K S B Z V T H J R D
T J W V Y Y L T L L
```

Jesus Sends Seventy-Two

```
Y V T W R E T O X T
B Y N Z V Q W E W L
S E V E N T Y T L G
R E R L Y B P O X L
A Y S L K E P W L L
E M B U A S Q N T Y
N K M C O H E A L M
M Y E K K H M N L N
Z M J Y R W Y V T W
```

The Good Samaritan

```
L R Y M Z Y J V S B
N A O J K E M A Z W
Y P W B R Y M Y T Q
C L Z A H A L I F E
R L C E R G W M J B
E M V I Z H I D W T
M O T Z O N L E D R
L A M T Z K L L N B
N R M Y M D T D A V
```

202

Mary and Martha

The Light in You

Not One Is Forgotten

The Crippled Woman

Place of Honor

The Great Feast

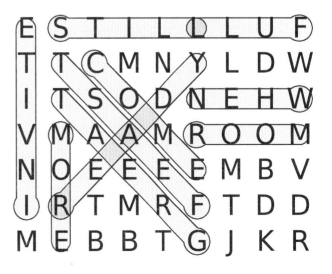

The Lost Coin

```
S I L V E R E Q
Z T S O L C B S
R F T L I Y I M
E E I O E N O N
N M J N N G I J
O E B E D O N T
R Q R Y C S Q A
```

The Lost Son

```
R D S N O S W N
E T N W H O M E
H Y S U A Z Y L
T O E A O N A R
A S W N E F T N
F V O T O F N T
K J Y L X M M Q
```

Jesus Sees Zacchaeus

```
R P O O R H D T
K E E S O O N J
T D N U W R P Y
S S S N I E E S
E E A C I E J T
U J H V R S D P
G L G T E B W D
```

The Ten Servants

```
S T T R G R E G L
G T E Y E S Z X V
Y D N V U X R W G
J K L A T I M E S
N I I E V L L E W
S T U N E R Q P Y
V O J O G R E W R
Y Y Y D Y B A S M
```

Alive in Jesus

```
R M N W M N G N
A T W I E O E Q
I M A V A R R B
S E E N D G J F
E R V L G A A R
D I I I E E V
J H D J L K L D
C B M D Z A E S
```

Hands and Feet

```
H H N K G Q P J
C J A H O E R P
U F O N A O W T
O S E C D I L Q
T U E E T S E B
D P O H T E K M
K D B Y S K L M
```

Word Became Flesh

Lamb of God

God So Loved the World

Woman at the Well

Father and Son

Bread of Life

205

Teaching from God

```
G Z L W S S Y Q
S N O Y E I M D
U H I G N H O Y
S M V H T G K M
E W M W C M X O
J M O O I A H Y
R N N N R W E X
K V E Q P F X T
```

Truth Sets Free

```
G T F W O N K C
N R R A Y T H M
O U R B M I T F
L T J F L I A B
E H R D S T L G
B E R E H N T Y
E E I E P E I N
N L R W S Y R S
```

Called By Name

```
J J B B X N G V Y
R P P Y J Q A T W
Z Y R R K B V M T
M E H T L V H S E
L B D E V L L I S
G L A N R L G H S
R D O B A L E O T
S U Y C N E W T P
T T L J P N N P L
```

The Saving Gate

```
W J Q S R E T N E
T H R O U G H K M
W G O E D B M Y B
I D A E H A E J T
L W V T V T E M M
L A M M E E M T X
S Z L T R Y R V Q
```

206

Life to the Full

The Good Shepherd

One in the Father

Jesus and Lazarus

Lifted Up for All

Jesus Washes Feet

Many Rooms

The Way to the Father

The Holy Spirit

Love and Obey

Love Each Other

```
T R W J G U M K D T
H R D H M Q O E S A
A X C D L L V Y M Z
V A M R N O O M Y B
E Q R E L A P V T Y
M L Y H M P M H E X
Q R Z T Q J I M Z T
J Z D O Y S Y Q O T
K K X D T L M Z Z C
```

Greatest Friend

```
G R E A T E R E V
R D Z Q W T N K W
E Z O Q D O D X F
R V M N E N K R D
S D O M E E I K P
I L O L H E F D R
H S Y A N B O I R
T A S D R W L Z L
L J S X N M B M Y
```

He Chose Us

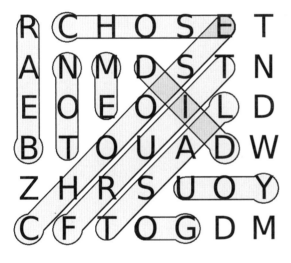

```
R C H O S E T
A N M D S T N
E O E O I L D
B T O U A D W
Z H R S U O Y
C F T O G D M
```

Whatever You Ask

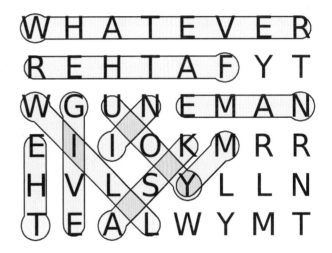

```
W H A T E V E R
R E H T A F Y T
W G U N E M A N
E I I O K M R R
H V L S Y L L
T E A L W Y M T
```

Jesus Prays for Disciples

```
O N E M D Y N J
T C E T O R P D
W O R L D R R D
Y T B X G O F M
O M R A W W E V
U R V U O H R Y
R E G N T R R L
S Y K T L H R T
```

Jesus Prays for Believers

```
T L T M T O Q L L
E O Z O H T L M K
P V Y W N I A U W
M E E K W L O P D
B D T I S Y Y D L
V O Q O L A M A Y
N T G N L E L L L
Q G X L Z Y B D R
```

209

Pentecost

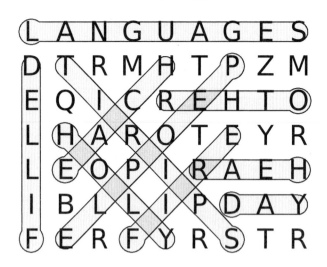

Promises Kept

Believers Together

Standing in the Name of Jesus

The Name That Saves

The Apostles Heal Many

Jesus Opens Saul's Eyes

We All Fall Short

We Have Peace

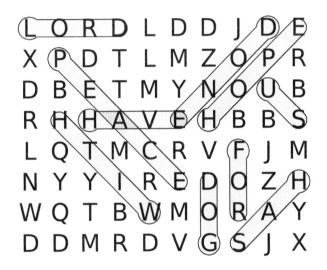

God's Love through Christ

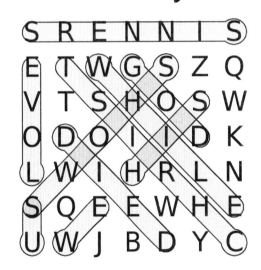

Nothing Can Separate

Overcome Evil with Good

Love Your Neighbor

```
N L O L D E P Y
T E O T A L O T
N V I C H U R E
E W H G R E M D
E A Q S H I R N
N L E D T B O Z
O L W W Z W O D
F R O N N P T R
```

The Lord's Supper

```
S O S L A T O O K
U B S K N A H T D
P R M C B W Y V N
P O K P U D Y B N
E K S N O P R P L
R E I B I E Y J K
J Y H B A R T R W
W J T D B Z D R Y
```

Love Never Fails

```
J E R S N T K I N D
D V E O R H B Y J W
A O T U N X T V D V
D L T F M E Y I W N
E H W R A Z V P W B
V B W A T I J E R Z
I Y B D Y J L L R D
L Z Q N Z S B S G Y
```

Our Hearts Shine

```
R Y D L Y P D D D
W H E A R T S R R
S Y T E L L B S S
F U A S I O H N
O C S G I R R
H U H E N R U D
D T T E J O H D
B W G X V K T C
```

New Creation

```
N O I T A E R C
C D M Y H S I N
H E E A N A J D
R M S S W E M Y
I O D A S O W Y
S C Y L R A Q N
T Y J F O P P K
```

Rich in Christ

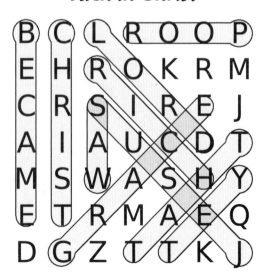

```
B C L R O O P
E H R O K R M
C R S I R E J
A I A U C D T
M S W A S H Y
E T R M A E Q
D G Z T T K J
```

One Body in Christ

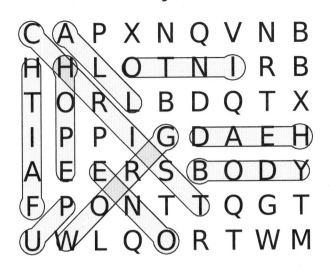

```
C A P X N Q V N B
H H L O T N I R B
T O R L B D Q T X
I P P I G D A E H
A E E R S B O D Y
F N X P O N T Q G T
U W L Q O R T W M
```

Press On

```
P R I Z E X R
S N W Y D O B
S A E A F N O
E G H V I W R
R O J E A T J
P A G L A E P
L L K J J D H
```

He Is First

```
C H T J W G P B
Y R G H R E X
H V E U I F R F
A T D A O N I E
L J R R T R G Y
L V E A S E H S
R O F T E M D T
Y T P P L I B Q
W T Y Y Q H D J
```

Clothe with Love

```
P E A C E N J N
W C L S E X S Z
I E L S E K Q L
T L O O N N G N
H H O A T N O T
C P H V I H A S
M T M S E Z E L
```

Jesus Came to Save

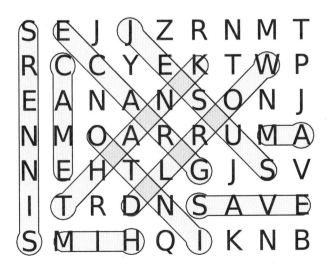

```
S E J J Z R N M T
R C C Y E K T W P
E A N A N S O N J
N M O A R R U M A
N E H T L G J S V
I T R D N S A V E
S M H H Q I K N B
```

Not Because of Works

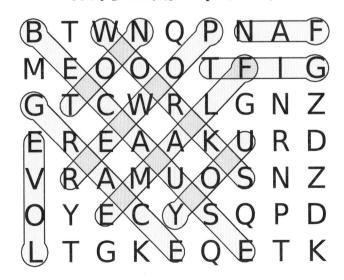

```
B T W N Q P N A F
M E O O O T F I G
G T C W R L G N Z
E R E A A K U R D
V R A M U O S N Z
O Y E C Y S Q P D
L T G K E Q E T K
```

Washed with Pure Water

Living Hope

He Cares about You

Children of God

Let Us Love One Another

How Much We Are Loved

The Love That Came First

He Hears Us

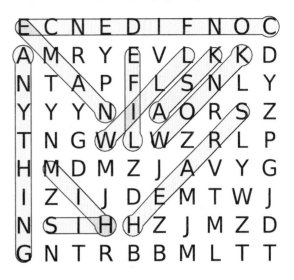

In the Love of God

Open the Door

The River of Life

Glossary

Blessing: God's approval or protection.

Command/Commandments: A rule from God, as in the Ten Commandments.

Crucify/Crucifixion: The way Jesus was killed by being nailed to a cross.

Disciples: Followers of a teacher or leader, especially one of the twelve who followed Jesus during his time on earth.

Faith: Trust within your heart and belief in God.

Glory: Great honor and praise for God.

Grace: To show kindness and love even when it is not deserved.

Harvest: The gathering of crops that have ripened in a season.

Holy Spirit: The third person in the Holy Trinity after the Father and Son.

Honor: Great respect and admiration.

Hosanna: A shout of praise or joy, often connected to being saved or having trust in a savior.

Humble: Not thinking of yourself as perfect or better than other people.

Judge: To decide if someone or something is good or bad.

Kingdom: The land under the rule of a king; also used to talk about living under God's commands.

Lame: Unable to walk easily because of an injury or illness.

Mercy: To show forgiveness or kindness even when it is hard.

Messiah: Christ, the savior of mankind.

Mighty: Powerful.

Miracle: An amazing event that can't be explained other than God made it happen.

Obey: To follow commands, especially God's.

Pray: To talk to God.

Preach: To teach a Bible lesson in front of a group of people.

Rejoice: To show great joy, especially because of God's goodness.

Repent: To turn away from sin and try to change.

Sacrifice: To give something up to help someone else, as Jesus gave up his life to take away our sins.

Salvation: Saving or protecting from harm, as Jesus saves us from sin if we believe in him.

Seek: To try to find something or someone.

Serve: To work for someone, especially God.

Sin: To do something against God's wishes.

Sow: To plant seeds.

Vineyard: An area of land where grapevines are grown.

Weary: Tired.

Worship: To show great love and respect, especially for God.

Yoke: A wooden tool that connects two work animals to make pulling a load easier.